世界は
「仕掛け」に
あふれている

［問題］

書類が乱雑、整理整頓ができない

仕掛け

斜めの線を引く

直線になるように並べ替えたくなる

［問題］

お手洗いを綺麗に使ってほしい

仕掛け

﹀

的をつける

﹀

的を狙いたくなる

[問題]

運動不足。だけど階段はいや

仕掛け

﹀

階段をピアノに見立てる

﹀

(階段を上って)ピアノの音を鳴らしたくなる

[問題]

ゴミをポイ捨てされる

仕掛け

﹀

小さな鳥居を設置する

﹀

ゴミを捨てづらくなる

松村真宏
Naohiro Matsumura

仕掛学

しかけがく／SHIKAKEOLOGY

人を動かすアイデアのつくり方

東洋経済新報社

仕掛学

人を動かすアイデアのつくり方

もくじ

序章

世界は「仕掛け」にあふれている

「ついしたくなる」には仕掛けがある

1章

仕掛けの基本 47

2章

仕掛けの仕組み　81

3章

仕掛けの発想法 131

序章

「ついしたくなる」には仕掛けがある

天王寺動物園の筒

著者はもともと人工知能の研究者であり、コンピュータを使ってデータから意思決定に役立つ知識を発見することに取り組んでいた。しかし2005年のある日、世の中のほとんどの事象はデータになっていないという当たり前のことに気づいた。

立ち止まって耳を澄ませば鳥のさえずりや木々の葉のこすれる音が聞こえてくるが、このような目の前の事象でさえデータにはなっていない。いくら高性能の計算機があってもデータがなければただの箱である。

この問題を解決する一つの方法は、データやコンピュータに頼ることを止めることである。人はデータに頼らなくても道端にひっそりと咲く花や鳥のさえずりに気づく。必要なのはデータでもコンピュータでもなく、生活空間の魅力を人に気づかせる

「仕掛け」である。

仕掛けは見えているのに見ていない、聞こえているのに聞いていない生活空間の魅力に気づかせるための仕組みである。仕掛けによって計算機で扱える世界の外、つまり日常の生活空間を研究対象にできるようになる。

そのような仕掛けの事例を集めていくうちに、問題解決のための手段として汎用的に仕掛けが利用できることに気がついた。これが「仕掛学」の生まれた経緯である。

「仕掛け1」の筒は、著者が大阪市天王寺動物園に遊びに行ったときに「アジアの熱帯雨林」のエリアで見つけたものである。どこにも説明がないので何に使うものなのか明らかではないが、望遠鏡のような形をしているので覗くものであることはなんとなく推測できる。

また、筒の真ん中の穴が気になってつい覗き込みたくなる。さらに、地上1メートルくらいのところに設置されているので子供の顔の真正面に穴がくる。これらの条件が揃っていると覗かずに素通りするほうが難しい。少し離れたところから筒の側を通り過ぎる人を観察すると、子供たちが筒を覗き込んで筒の先に置かれている象のフン（の精巧な作り物）を見て楽しむ様子が見られる。

動物園では動物以外のものには意識が向きにくくなる。この筒は象のエリアに続く小径の脇に設置されているので、筒がなければ足早に通り過ぎてしまうだけの場所になっている。しかし、天王寺動物園は動物の生息地の環境を再現した「生態的展示」を行っており、動物以外にも見所はいろいろ用意されている。

つまり、筒は動物以外の見所に気づいてもらうための仕掛けなのである。

この筒は著者が見つけた記念すべき最初の仕掛けであり、当時行き詰っていたデータやコンピュータに頼らない方法へのブレイクスルーが得られるきっかけになった。

重要なのは人に気づかせることであって、そのためには「仕掛け」をデザインすれば

[仕掛け 1] 筒

いいことに気づいた。

今でもときどき天王寺動物園に足を運んではこの筒がまだあることを確認している。[*1] シンプルな構造なので壊れにくく、メンテナンスフリーである点においても良い仕掛けである。

この筒を見つけて以来、さまざまなところに出かけては仕掛けを探しているうちに、気がつけば数百件の仕掛けの事例が集まっていた。

ちょうどそのタイミングでスタンフォード大学で在外研究をする機会を得たので、収集した仕掛けの事例を分析して仕掛けの原理の解明に取り組んだ。本書はその成果 [Matsumura et al. 2015] が元になっている。

＊1　直近だと2016年6月12日に訪れている。

行動で問題を解決する

私たちが直面する問題の多くは私たち自身の行動が作り出している。運動不足を解決するためには自ら運動するしかなく、他の人に代わりに歩いてもらっても意味がない。食べ過ぎや整理整頓ができないといった問題も同様の問題であり、自身の行動を変えることで解決できる。

環境問題、交通安全といった自分「たち」の行動が引き起こす問題も結局のところ個人の行動が集まった結果として立ち現れてくるものなので、自身の行動を変えることが問題の解決につながる。

運動不足そのものは個人的な問題であるが、不健康な人が増えて医療費がかさむようになると社会が負担する医療費も増大する。日本が一直線に向かっている超高齢化社会においては医療費の増加は深刻な問題であるが、この問題を解決するためには各自が健康になるしかない。

多くの人は望ましい行動をすでに知っている。運動不足や塩分の多い食べ物が体に良くないことを知らない人はいないだろう。しかし運動しなくても塩分を摂取してもすぐに体に悪影響が出るわけではないので、頭では理解していても楽をしたいとか食べたいといった目先の欲求にはなかなか勝てない。

このとき「したほうが良い」と直接伝えても効果がないことは明らかなので、「ついしたくなる」ように間接的に伝えて結果的に問題を解決することを狙うのが仕掛けによるアプローチになる。

思わず整理整頓したくなる方法

解決すべき問題があったとき、それを解決するアプローチは一つではない。ここでは身近な整理整頓を例にとって、いろいろなアプローチを考えてみよう。

よくあるアプローチとして「整理整頓」と書かれた張り紙を思いつくかもしれない。しかし、そのような張り紙にほとんど効果がないことは我々の経験から明らかである。張り紙にいわれて片付けられるくらいなら最初から片付いているだろう。

張り紙とは別のアプローチを考えてみよう。これはなかなか簡単ではないが、片付けるべき場所が容易にわかるようにすることは一つのアプローチになる。

［仕掛け2］のようにファイルボックスの背表紙に斜線を一本引くとファイルボックスが順番通りに並んでいるか一目見てわかるようになる。ラインが乱れていると気になるのでつい直したくなり、結果として整理整頓が達成される。背表紙をつなげると一枚絵になっている［仕掛け3］の漫画も同じ効果が期待できる。

[仕掛け 2] 背表紙の線

[仕掛け 3] 背表紙の一枚絵

駐輪場の地面に線が引かれていると、それを横切るように停めるのはなんとなく気まずく感じてつい線に沿って停めてしまう。自転車が乱雑に停められていると駐輪台数は少なくなるし歩行者の邪魔にもなるが、一本線を引くだけで停め方が変わり駐輪場が整理整頓されるようになる。

［仕掛け4］はインスタントラーメン発明記念館の駐輪場である。斜めに引かれた線に沿って自転車が停められているので、通路側へのはみ出しが少ない。

別の例として、おもちゃが散らかった子供部屋の場合を考えてみよう。この場合、片付けるように子供に伝えるだけでは何の効果もないことはほぼ自明であろう。著者も小学生の娘たちがいるのでよくわかるが、片付け始めるやいなや遊び始めて余計に散らかるのが常である。

しかし、たとえば［仕掛け5］のようにゴミ箱の上にバスケットボールのゴールを設置すると、ついおもちゃを投げてシュートしたくなる。シュートして遊んでいるだ

[仕掛け 4] 駐輪場の線

[仕掛け 5] バスケットゴールのついたゴミ箱

けなのに、結果的におもちゃがゴミ箱の中に片付くことになる。

［仕掛け6］はアメリカのスーパーマーケットで売られていたぬいぐるみ（Tummy Stuffers）である。

このぬいぐるみの口は大きく開くようになっていて、お腹が袋になっている。散らかった子供部屋にこのぬいぐるみを持っていって「この子がお腹を空かせているよ」と子供に声をかけると、ぬいぐるみの口におもちゃが詰め込まれて、おもちゃが片付くという寸法である。

今度は人の流れを整理することを考えてみよう。著者は大阪に住んでいるので東京への出張の際には飛行機や新幹線をよく利用する。大阪ではエスカレーターは右側に立って左側を急ぐ人のために空けておくのが暗黙のルールになっているが、東京では左側に立って右側を空けるルールに変わる。この変なルールは大変紛らわしく著者もよく間違えるが、列が乱れると人の流れに淀みが生じてしまう。

[仕掛け 6] ぬいぐるみの収納袋

このような場合、「仕掛け7」のように左右の足を揃えた足跡を動く歩道に描いておくと左側に立てば良いことが自然と伝わり、人の流れが整理される。動く歩道の動いている早さも伝わるので、つまずき防止にもなる。

このように身近な整理整頓一つとっても、線を引いたり、バスケットゴールを設置したり、ぬいぐるみを使ったり、足跡を使うなどさまざまなアプローチがある。

このような行動を変えるきっかけになるものを本書では「仕掛け」と呼んでいる。

これらの仕掛けに共通することは、整理整頓が「結果として」達成されることである。整理整頓をしているつもりはないのにいつの間にか本来の目的が達成されている。

そのような視点で仕掛けを眺めると実によく計算されていることがわかる。整理整頓に限らず、このような行動を変えるための仕掛けは日常のいたるところで巧みに用いられている。仕掛けの持つ特徴について順を追って説明していこう。

[仕掛け 7] 動く歩道の足跡

人の行動を変える奥義

どのようにすれば自分自身の行動を変えることができるだろうか。人から言われて素直に従うほど従順ではないし、上から目線で指示されると反発したくなるときもある。周りの人がしていないから自分もしなくても変わらないと思う心境は誰もが心当たりがあるだろう。

楽をしたいのは人間の性であり、個性であり、権利なのだ、と開き直っている人は著者だけではないはずである。

マーク・トウェインの名作『トム・ソーヤの冒険』の主人公トムも楽をしたいタイプである。罰として塀のペンキ塗りをするはめになったときに、（本当は楽しくないのだけど）楽しそうにペンキを塗る姿を友人たちに見せつけることで友人たちがペンキ塗りをしたくなるように仕向けている。

イソップ寓話『北風と太陽』では北風と太陽が旅人の上着を脱がせることを競うときに、北風が無理やり上着を吹き飛ばそうとして抵抗されるのに対し、太陽は燦々と照りつけることで自ら脱ぐように仕向けている。

これらの話には人の行動を変える奥義が記されている。無理やり行動を変えさせようとするのではなく、つい行動を変えたくなるように仕向けるのである。

このように「ついしたくなる」ように仕向けることは不確実性を含むので遠回りに見えるかもしれないが、正攻法が効かない場合には有望なアプローチになる。

狙いたくなる便器の的《まと》

［仕掛け8］は大阪国際空港の男子トイレにある「的《まと》」のついた小便器である。男性にはおなじみの的であるが、女性は見たことがない人も多いだろうから載せておく。*2

[仕掛け 8] トイレの的

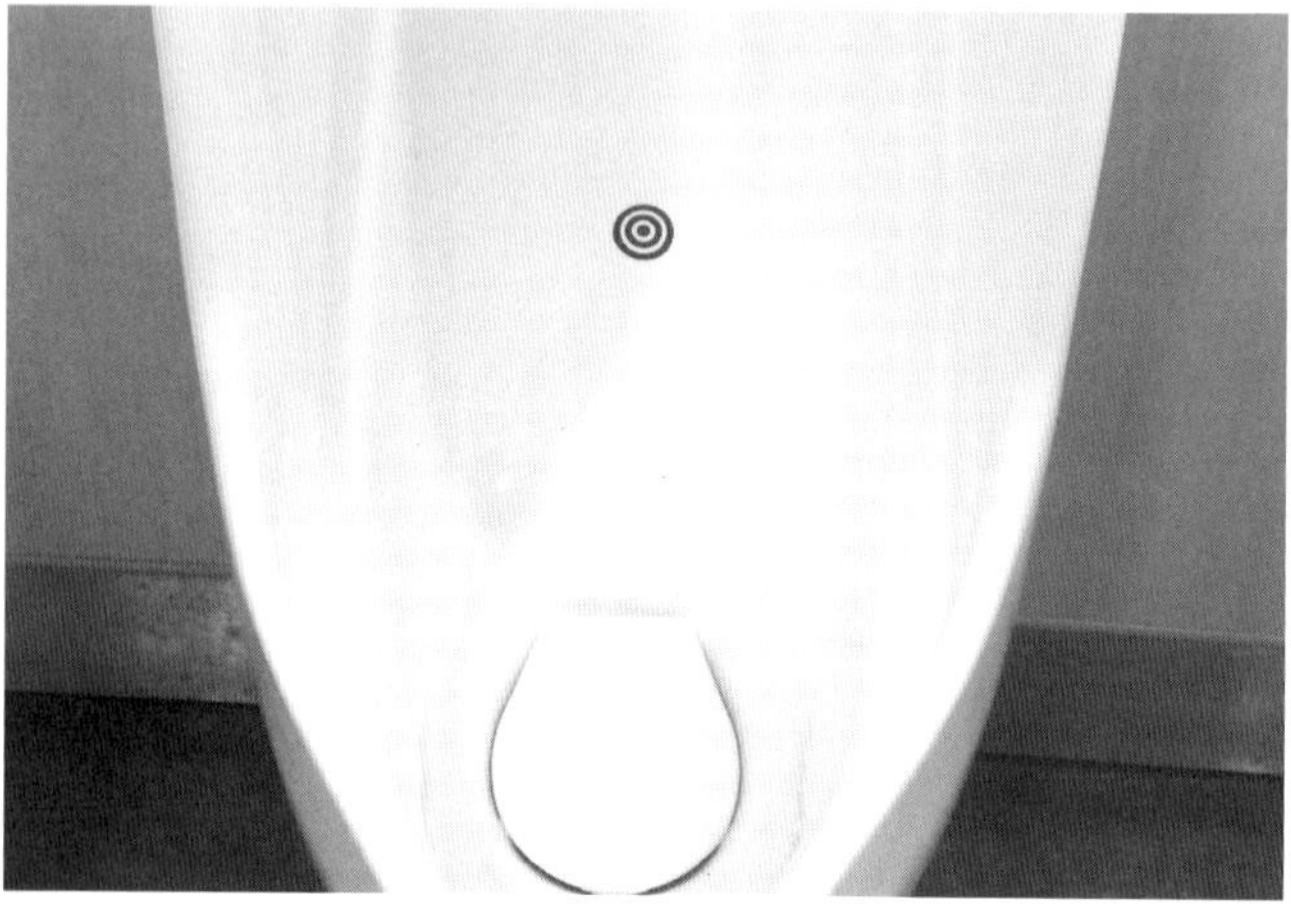

この的は「つい狙いたくなる」という心理をうまく利用している。的は飛散が最小になる場所に貼られているので、的を狙うことによって知らず知らずのうちにトイレを綺麗に使うことに貢献することになる。

「トイレは綺麗に使いましょう」という張り紙はよく見かけるけれど、それを見ても綺麗に使おうという気にはならない。そんな張り紙をしなくても、さりげなく的のシールを貼るほうがずっと効果的なのである。

オランダのスキポール空港のトイレには「ハエ」の的がついており、[*3] 飛散が80％減少したと報告されている［Thaler and Sunstein 2008］。

---

*2 的自体はよく見かけるが、写真を撮れる状況（＝他に人がいない）にあって、なおかつ被写体としてふさわしい状態（＝綺麗）というのは滅多になく、実は写真に収めるのはなかなか難しい。「仕掛け8」はたまたま掃除直後で他に人がいない状況だったので撮れた貴重な写真である。

*3 http://www.urinalfly.com/pdfs/urinal.pdf には、排水口の上51㎜、左右どちらかに25㎜の場所が最適だと記されている。

この事例がトイレに的をつけることの発端になったといわれている。

トイレの的には「的」や「ハエ」以外にもさまざまなバリエーションがある。著者がもっとも気に入っているのはキッザニア甲子園で見つけた［仕掛け9］の「炎」の絵のシールである。

温度によって色が変わる特殊な塗料で炎を描けば、炎の赤色が消えて鎮火したように見せることも可能である。[*4]

［仕掛け10］はハリウッドで見かけた階段である。白い階段の間に一部が黒い階段が混じることでピアノの鍵盤に見立てている。

各階段にはセンサーやスピーカーが設置されていて、階段を踏むと実際に音が鳴る

＊4　キッザニア甲子園のトイレの的の炎は消えなかったが、炎が消えるシールも売られている。またＪＲ東海の新幹線駅構内の男子トイレの小便器には青い三角のマークがついており、温度が変わると赤色に変わる。

[仕掛け 9] トイレの的

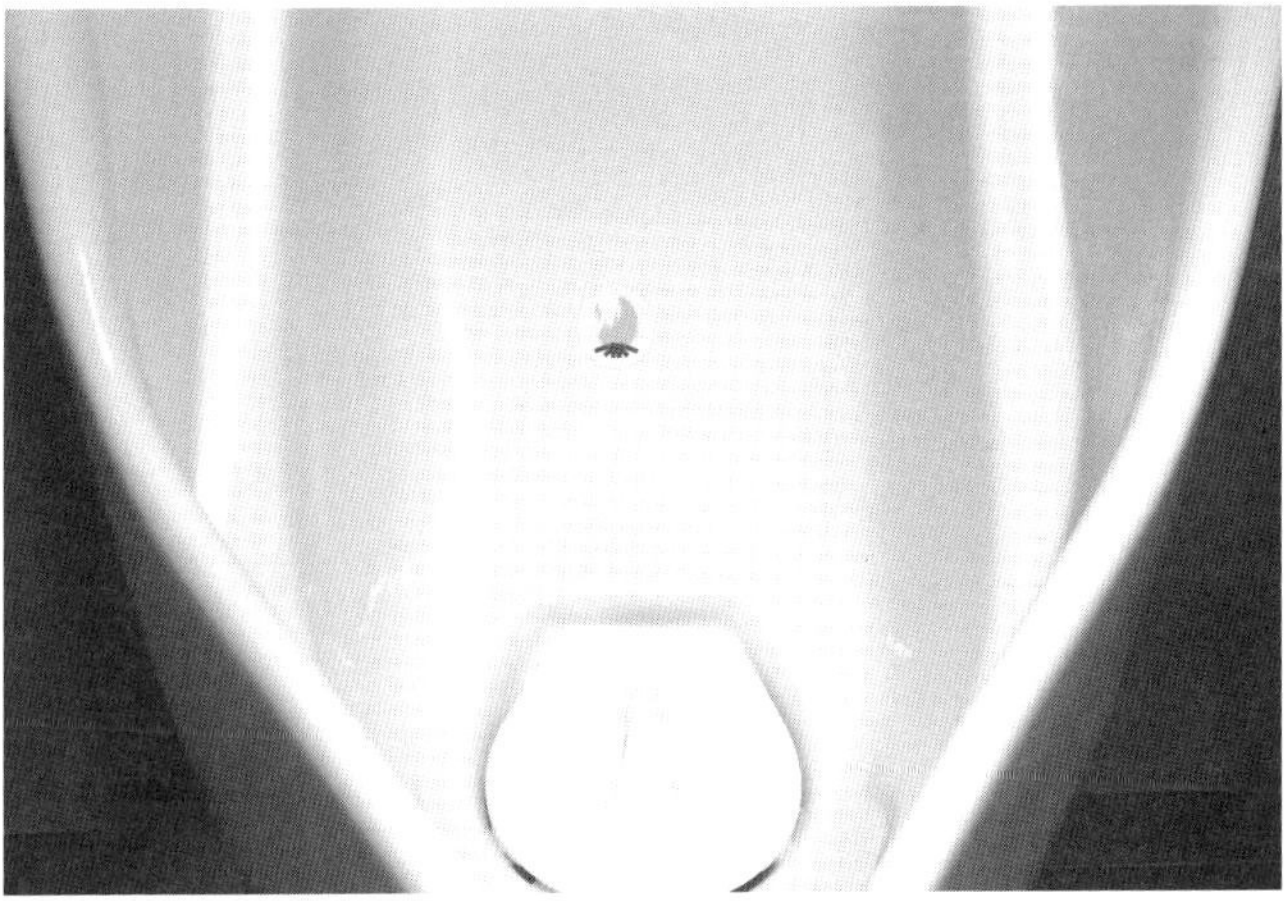

[仕掛け 10] ピアノ階段

ようになっている。この階段を見ると音が鳴ることを期待して階段を使ってみたくなる。ピアノ階段は楽しみながら運動してもらうための仕掛けになっている。

もう一つ面白い例として、フォルクスワーゲン社が行ったファン・セオリー・コンテスト[*5]の入賞作品「世界一深いゴミ箱（The World's Deepest Bin）」を紹介しよう。

このゴミ箱にゴミを捨てると落下音が聞こえ始め、それが8秒ほど続いた後に衝突音が聞こえる。[*6]

ゴミを捨てた人はもう一度音を聞きたくなってまたゴミを捨てたくなる。動画サイトYouTube上に公開されているこの作品の動画を見ると、[*7]わざわざ落ちているゴミを拾って捨てる人も映っている。

この仕掛けを施したゴミ箱を公園に設置したところ、普通のゴミ箱より41キログラ

＊5　http://www.thefuntheory.com/
＊6　空気抵抗がないと仮定すると、このゴミ箱の深さはなんと約300メートル！
＊7　前述のファン・セオリーのウェブサイトからも視聴可能。

ム多い72キログラムものゴミが集まったそうである。落下音と衝突音というシンプルな仕掛けを用いるだけでゴミを捨てたくなるという画期的なゴミ箱になる。

良い仕掛けと悪い仕掛け

本書は、著者がこれまで取り組んできた仕掛けについての研究を平易にまとめたものであり、本書を読み進める上での事前知識は必要ない。

ただ、よく勘違いされることをあらかじめ書いておくと、商品を売るための仕掛けは対象としない。商品の魅力に気づいてもらったり、興味を持ってもらうところまでが仕掛けの対象になる。

仕掛けは悪用することもできる。仕掛けを使って大儲けしたいと考えて本書を手に取った方もいるかもしれない。そういうことも可能かもしれないが、本書では誰かが不利益を被るような仕掛けは想定していない。

本書では「良い仕掛け」と「悪い仕掛け」を区別した上で「良い仕掛け」を実現する方法について述べる。「良い仕掛け」と「悪い仕掛け」の区別は簡単である。仕掛ける側と仕掛けられる側の双方の目的を知ったときに「素晴らしい、こりゃ一本取られた」と笑顔になるのが良い仕掛けであり、「だまされた、もう二度と引っかからないぞ」と不快にさせるのが悪い仕掛けである。

とはいえ「良い仕掛け」と「悪い仕掛け」の区別が明確でない場合も多い。商品の棚配置やメニューの配置を変えて売れ筋を変えるといったことはよく行われているが、これは消費者を騙しているわけではない。売上の客単価を上げるために行われたのなら消費者にとっては不利益になるが、健康志向の商品が売れるように配慮したのであれば不愉快ではない。

結果的に高い商品を買ってしまったとしても、それに満足しているのであれば不利益を被ったとは一概にはいえない。

仕掛けを定義する3つの要件

人が作った物は全て何かしらの目的があって作られているので、広い意味では仕掛けといえなくはない。では仕掛けと非仕掛け（＝仕掛けではないもの）を区別できる、はっきりとした基準はあるのだろうか。

本書では、問題解決につながる行動を誘《いざな》うきっかけとなるもののうち、以下の３つの要件からなる「ＦＡＤ要件」（それぞれの要件の英語の頭文字をつなげたもの）を全て満たすものを「仕掛け」と定義する。

・公平性（Fairness）：誰も不利益を被らない。

・誘引性（Attractiveness）：行動が誘われる。
・目的の二重性（Duality of purpose）：仕掛ける側と仕掛けられる側の目的が異なる。

本書では、ＦＡＤ要件を満たすものを「仕掛け」と呼ぶ。一般的な意味で用いられる「仕掛け」よりもかなり限定されていることに注意されたい。

以下でそれぞれについてもう少し説明する。

「公平性」（F要件）は仕掛けによって誰も不利益を被らないことであり、人を欺《あざむ》くものは「仕掛け」の定義から外れる。上述した「悪い仕掛け」は公平性を欠くので、仕掛けとは呼ばない。

「誘引性」（A要件）は行動を「誘う」仕掛けの性質のことであり、行動変容を「強要」するものは仕掛けの定義から外れる。この要件を満たす前提として、仕掛けが行動の選択肢を増やしていること、および私たちが自分の意志で自由に行動を選べることが必要である。

その上で仕掛けによる行動の選択肢を選んでもらえれば誘引性があったと判断できる。誰からも見向きもされない仕掛けは誘引性が足りないのである。

「目的の二重性」（D要件）は、仕掛ける側の目的（解決したい問題）と仕掛けられる側の目的（行動したくなる理由）が異なることであり、この二重性のないものは「仕掛け」の定義から外れる。

多くの場合、仕掛けが対象としている本当の問題は明示されていないので、問題を意識することなく興味の赴《おもむ》くままについ行動してしまう。

中には仕掛けと本当の問題の関係に気づく人もいるが、良い仕掛けであれば仕掛けの価値を高めることはあっても人を遠ざけるものにはならない。

「仕掛け4」の駐輪場の線や「仕掛け8、9」のトイレの的のように、利己的な目的と利他的な目的をつなげることも可能である。

これらの仕掛けのFAD要件は仕掛けられる側に明示的に意識してもらうものではないので、気づかないことも多い。しかし、いったん仕掛けの考え方が身につくと身近な仕掛けに気づくようになる。

著者が気に入っている身近な仕掛けは［仕掛け11］のホームベーカリーである。夜寝る前に強力粉250g、バター10g、砂糖17g、スキムミルク6g、塩5g、水180ml、ドライイースト2・8gを入れて予約タイマーをセットすれば、朝の指定した時間にパンが焼きあがる。そのときにとてもいい匂いがするので心地よく目覚められる。しかもパンは焼きあがるとすぐに取り出さないと縮んでしまうので、眠くてもがんばって起きなければと奮い立たせてくれる。誘引性は抜群である。

がんばって起きた結果、焼きたてのパンが食べられて嬉しいだけでなく目覚まし時計としても機能するので目的の二重性も満たされている。ホームベーカリーを使っても誰も損をしないので公平性もある。このようにホームベーカリーはFAD要件を満たしているので、仕掛けといえる。

[仕掛け 11] 我が家のホームベーカリー

予約タイマーつきのコーヒーメーカーでも同様の効果が期待できる。普通の目覚まし時計はベルを鳴らして無理やり目覚めさせるので不快だが、ホームベーカリーやコーヒーメーカーは心地よい目覚めをもたらしてくれる身近な仕掛けである。

日本語の「仕掛け」にはさまざまな意味があり、人によっては手品師の常套句である「種も仕掛けもございません」を想起したり、またある人は忍者の仕掛ける罠を想起するかもしれない。

「仕掛け」の意味を『スーパー大辞林』（三省堂）で調べると、以下に挙げたさまざまな意味が見つかる。

①やりかけであること。「―の仕事」
②他に対して働きかけること。しかけること。「相手の―を待つ」
③物事をある目的に合わせて、作りこしらえること。㋐装置。からくり。しくみ。「種も―もございません」「最後でどんでん返しになる―の映画」㋑釣りで、目的とす

る魚に応じて幹糸《みきいと》・鉤素《はりす》・釣り針・おもりなどを組み合わせて仕立てたもの。㋒「仕掛け花火」の略。
④打掛・搔取《かいどり》の称。「この―を斯う着なましてね／人情本・春色梅美婦禰・五」
⑤やり方。かけひき。「両人共に此善吉―を見ならへ／浮世草子・好色一代男・四」
⑥ごまかし。「銭は―でやりました／浄瑠璃・堀川波鼓・中」
⑦用意。準備。特に食事などの用意。「朝の―をしねえぢやあならねえ／人情本・春色英対暖語」

本書で対象とする「仕掛け」は前記の②と③の意味に近い。しかし、本書の仕掛けは行動の選択肢を増やした上でそちらをつい選んでしまうように誘うものであり、②のように積極的に他に働きかけるものではない。

③についても本書の仕掛けは人の行動によって問題を解決しようとするものであり、仕掛けそのものによって問題を解決しようとするわけではない。

①④⑤⑥⑦については本書の仕掛けとは関係がなく、「目的の二重性」や「公平性」

については全く言及されていない。

つまり、本書の「仕掛け」は古来からある日本語の「仕掛け」の意味を仕掛けのＦＡＤ要件に沿って拡張したものになる。

著者は仕掛学を学問として取り組んでいるので、本来であれば解釈の多義性を防ぐためにも厳密に定義した専門用語を使うべきである。それでも「仕掛け」という言葉にこだわるのは、親しみのある語を利用することで一般の人にも抵抗なく受け入れてもらいたいためである。本書によって一般の方々にＦＡＤ要件を満たす「仕掛け」が広まることを願っている。

仕掛けが活躍する場所

仕掛けは身近な問題から社会の大きな問題まで解決するものであり、あらゆる人が本書の対象になる。以下にいくつか例を挙げる。

・目覚ましで朝起きるのが辛い人
快適に起きるための仕掛け。

・体型が気になり出した人
運動したくなる仕掛けや食べ過ぎを防ぐ仕掛け。

・新商品の店頭プロモーションを考えているマーケター
商品に興味を持ってもらったり、手に取ってもらうための仕掛け。

・発展途上国の不衛生な環境を改善したいと考えている起業家
ゴミを捨てたくなるゴミ箱や手洗いをしたくなる仕掛け。

・夏休みの自由研究課題を考えている小学生
家事のお手伝いをしたくなる仕掛けや、散らかった部屋を片付けたくなる仕掛け。

これらはほんの一例であるが、子供から大人、家庭からビジネスの現場まで、さまざまな場面で読者の目的に応じた仕掛けのヒントが得られることを願っている。

1章

仕掛けの基本

行動の選択肢を増やす

仕掛けは「行動の選択肢を増やすもの」ということもできる。新たに生まれた行動の選択肢のほうが魅力的であれば自ら進んで行動を変えるだろうし、興味を引かれなければこれまで通りの行動を行えば良い。

この関係の模式図を描くと図1のようになる。仕掛けの良いところは、あくまで行動の選択肢を増やすだけで行動を強要しないところにある。

もともと何もなかったところに新たな行動の選択肢を追加しているだけなので、最初の期待から下がることはない。どの行動を選んでも自ら選んだ行動なので、騙されたと思って不快に思うこともない。つまり、仕掛けは誰の期待を下げることもなく問題を解決することができる方法になる。

図１ 仕掛けは行動の選択肢を増やすもの

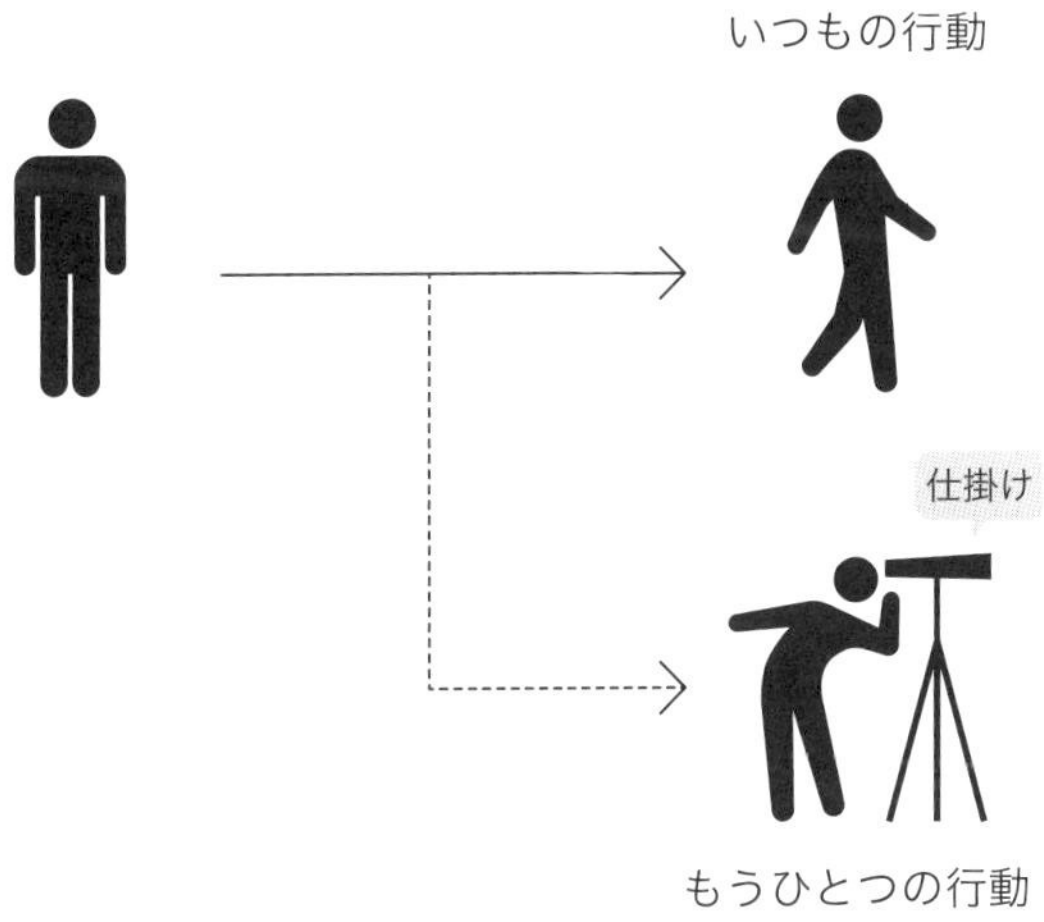

これまでに紹介した仕掛けの事例を振り返ってみると、ファイルボックスを背表紙の線に合わせて並べる、漫画を背表紙の一枚絵に合わせて並べる、駐輪場の線に沿って停める、ゴミ箱のバスケットゴールにゴミを投げる、ぬいぐるみにおもちゃを食べさせる、動く歩道の足跡の上に立つ、トイレの的を狙う、階段を使う、ホームベーカリーで目覚める、という行動の選択肢が暗に示されている。

仕掛けは選択肢を魅力的に見せることで自ずとそちらの行動が選ばれるように仕向けたものであるといえる。

行動を上手に誘導する

行動の選択肢には「行動しない」という選択肢も含まれる。[仕掛け12]の小さな鳥居は路地の塀などにときどき見られるが、昔その場所に神社があったからでも神社の支部があるからでもない。

鳥居は神社の敷地の入口に設けられるものなので、神聖な場所を想起させ罰当たりな行動を慎ませる。散歩中の犬がここで用を足そうとしたら飼い主はあわてて止めさせるだろう。同じ理屈でゴミの不法投棄を減らすことも期待できる。鳥居によって行動が抑制された一例である。

小さな鳥居の代わりに「ゴミ捨て禁止」「犬のフン禁止」の張り紙や立て看板によって注意を喚起することも考えられる。しかし人の行動を強制的に変えようとするアプローチは反感を招きかねないし、通行人を疑っているような印象を与えるので、できれば避けたい。

小さな鳥居はそのようなネガティブな印象を与えずに行動を変える仕掛けである。

仕掛学のアプローチは仕掛けに興味を持った人のみを対象とするので、全ての人の行動を変えることは想定していない。

仕掛けの効果だけでなく、製作コストや維持コスト、製作の難易度などを総合的にみて、その場にふさわしい仕掛けが導入されるべきである。１００人中一人しか仕掛

[仕掛け 12] 小さな鳥居

けに反応しなくても、テープを貼るだけで実現できるなら良い仕掛けである。

行動の選択肢は原理的には無数に存在するが、人はよく知っている場所ではあまり考えずに毎回よく似た行動をとる。四六時中考えながら行動していたら疲れてどこにも行きたくなくなってしまう。

したがって、直感的に注意を引かない仕掛けはそのまま通り過ぎられてしまう。天王寺動物園の筒は一目見ただけで興味をかき立てるからこそ効果がある。

直感的に注意を引くためには、人が何に対して興味を抱くかを理解しておく必要がある。そのために仕掛けでは私たちがすでに知っている知識や経験を利用する。仕掛けの考え方をいったん身につければ、これまで見えていた世界がちょっと違って見えてくるはずである。

詳細は2章で述べる。

なお、行動の選択肢を設計する方法論に「ナッジ」（そっと肘で突いて行動を促すという意味）がある［Thaler and Sunstein 2008］。ナッジでは、人はそれほど合理的に判断するわけではないという前提に立って、あまり考えずに選択しても損をしないように選択肢を設計する。

たとえば、デジタルカメラを買った人が何も設定せずに使っても綺麗な写真が撮れるのは、そのような人に最適な設定になっているからである。

ナッジはあまり考えずに選ばれるいつもの行動（デフォルトの選択肢）の設計方法、仕掛学はつい選びたくなるもう一つの行動（オルタナティブな選択肢）の設計方法ということができる。

結果的に問題を解決する

仕掛けによって行動を変えた結果、本人の意図にかかわらず問題が解決される。トイレの的の例では、本人はただ的を狙いたいから狙っているだけだが、結果的にトイレを綺麗に使うことに貢献している。

このように人に何かしてもらいたいときに、直接お願いするのではなく、その人の興味と行動を結びつけて結果的に問題を解決させるほうがうまくいく場合は多い。面倒だったり、面白くなかったり、相手の気が進まない場合には特に効果的である。

そのとき、行動と解決する問題の関係が一見すると無関係に見えるときほどうまい仕掛けになる。このような仕掛けの性質を「仕掛けの副作用性*8」と呼んでいる。別の言い方をすれば、問題を解決するように陰からそっと人を「絡繰《からく》る*9」のが仕掛けのア

---

*8 仕掛けの副作用性について最初に指摘したのは松下光範氏（関西大学）のツイートであった。Mitsunori Matsush ta（m2nr）〝僕は仕掛け学の根底に「副作用性」があるように感じます。社会的制度設計などのように明示的な規範によって行為を誘導するのではなく、別の目的を提示しておき（便器のハエマーク）、その副作用として得られるもの（飛散防止）がある、と。〟 11 August 2011, 2:23 Tweet. https://twitter.com/m2nr/status/101584511271321600

*9 「絡繰る」の表現は中小路久美代氏（京都大学）からご助言いただいた。

プローチということになる。

仕掛けの副作用性は、行動の多義性を利用することで生まれる。行動の多義性とは、たとえば「投げる」という行動が運動会の玉入れで玉を「投げる」ときとゴミ箱にゴミを「投げる」ときに用いられるように、同じ（ような）行動が異なる状況で起こることである。このような行動と状況の組み合わせを入れ替えることで仕掛けの副作用性を実現できる。

ゴミ箱を玉入れのカゴにして運動会の曲を流せば、掃除が運動会の玉入れに早変わりする。さらに他の人と競うようにすれば、もはや退屈な掃除ではなく楽しい玉入れゲームになり、遊んでいるうちに結果的にゴミも綺麗に片付く。*10

［仕掛け13］はエデュケーション・ガーデン（米国カリフォルニア州）の入口である。

＊10　稲垣敬子氏（コクヨ株式会社RDIセンター）と小林昭彦氏（コクヨ株式会社RDIセンター）との会話から生まれた事例であり、両氏の許可を得て掲載した。

左側の金網の扉を開けても入れるし、右側のトンネルからほふく前進で入ることもできるが、子供たちの多くはわざわざトンネルから出入りする。トンネルを見たら入りたくなるということをうまく利用して子供たちを引き込む仕掛けになっている。これも扉から「入る」こととトンネルから「入る」ことをうまくつなげた例である。

［仕掛け14］は募金箱であり、手前と奥に見えるスライダーにコインを入れるとコインが円錐面の斜面を回転しながら加速していき、最終的に真ん中の穴から箱の中に落ちるようになっている。コインの回転する様子とそのときに発する風切音が面白くて、この募金箱の周りにはよく人だかりができている。

これも「コインを入れて」遊ぶという行動と、「コインを入れて」募金するという行動をうまくつないでいる例である。

［仕掛け15］の阪急百貨店うめだ本店の大通りに面したディスプレイは、季節に応じ

［仕掛け 13］トンネルの入口

［仕掛け 14］コインスライダーのついた募金箱

[仕掛け 15] お立ち台のついたディスプレイ

て趣向を凝らした展示が行われている。このままでもつい写真を撮りたくなるが、さらにお立ち台まで用意されているので写真を撮りたい欲求に拍車がかかる。

［仕掛け16］の大阪ステーションシティの3階から時空《とき》の広場へと続く大階段に設置されたトリックアートも記念撮影ができるスポットになっている。

うまく撮れた写真は他の人に見せたくなり、フェイスブックやインスタグラムといったソーシャルメディアサイトに投稿される。これが結果的に阪急百貨店や大阪ステーションシティの宣伝につながる。

うまく撮れた写真を「見てもらいたい」という行動と、ディスプレイの写真を「見てもらいたい（宣伝してもらいたい）」という行動をうまくつないでいる。

仕掛けの副作用にはその副作用（つまり副作用の副作用）もある。ゴミを投げすぎて余計に散らかすとか、トンネルが楽しくて出たり入ったりばかりするとか、コインを転がしすぎてお金を使いすぎるとか、写真を撮る人だかりが通行の妨げになると本

[仕掛け 16] トリックアートの記念撮影スポット

末転倒である。

仕掛けの副作用として期待する行動を正確に予測することは難しいので、予想外のことが起きたときは都度修正すれば良い。最終的には試行錯誤を繰り返すしかない。

強い仕掛けと弱い仕掛け

仕掛けには、多くの人が反応する仕掛けもあれば一部の人しか反応しない仕掛けもある。このような仕掛けに対する反応の強弱は仕掛けの「便益」と「負担」によって特徴づけられる。

行動を変えるときに必要な負担が大きければ、それに見合う便益が得られないと人の行動は変わらない。

一方、負担が小さければ便益が小さくても人の行動は変えやすい。仕掛けは負担が小さいほど良い仕掛けといえる。

便益は仕掛けによってもたらされる嬉しい、楽しい、期待、達成感といった主観的な感情のことである。たとえば、「仕掛け10」のピアノ階段は音が鳴るかもしれないという期待や実際に音が鳴って楽しいという便益が生じ、「仕掛け8、9」のトイレの的は当たったという達成感が得られる。

負担は仕掛けによって行動を変えるときにかかる体力的・時間的・費用的な負担のことである。仕掛けがないときの負担を基準として、仕掛けに従うときに必要な付加的な負担に着目する。

たとえば、ピアノ階段にエスカレーターが併設されていた場合、ピアノ階段を登る負担とエスカレーターを使う負担の差が負担となる。

エスカレーターが併設されていないピアノ階段の場合は仕掛けのあるなしで負担が変わらないので、付加的な負担はほとんどかからないことになる。

表1 仕掛けに対する反応の強弱

		便益 仕掛けによってもたらされる嬉しい、楽しいなどの感情	
		大	小
負担 行動を変えるときにかかる体力的・時間的・費用的負担	大	やや弱い （例：ピアノ階段）	弱い （例：階段の張り紙）
	小	強い （例：世界一深いゴミ箱）	やや強い （例：トイレの的）

便益と負担の観点から仕掛けに対する反応の強弱を分類すると表1のようになる。

ピアノ階段は階段を上ってもらう負担が大きく、ピアノに見立てた階段の音を実際に鳴らすといった大きな便益を用意しないと行動を変えることは難しい。

手軽な手段として［仕掛け17］のように階段の側面に消費カロリーを貼るアプローチもある。カロリー消費という達成感が便益として得られるが、5段上ってたった0・4キロカロリーしか消費されないので便益は小さい。世界一深いゴミ箱は長い落下音とその後の衝突音が楽しい便益の大きい仕掛けであるが、ゴミを捨てるだけなので負担はほとんどかからない。

トイレの的は負担は小さいが、的に当たったことによる達成感も小さい。

仕掛けに対する反応の強そうな順から並べると、世界一深いゴミ箱、トイレの的、ピアノ階段、階段の張り紙となる。

実際には仕掛けの製作コストや維持コスト、製作の難易度といった側面も重要であ

[仕掛け 17] 消費カロリー表示のついた階段

るし、次に述べるように仕掛けの持続性という観点も重要である。単純に仕掛けの強さだけで仕掛けの良し悪しを比べることはできないが、表1は仕掛けに対する反応の強弱を考える際の参考になる。

インパクトはいずれ薄れる

仕掛けが行動の副作用を利用することはすでに述べたが、仕掛けそのものの副作用もある。それは「飽きる」ことである。

最初は物珍しさやインパクトもあって興味を引いても、一度試してみて何が起こるかわかると興味は失われていく。したがって、便益は仕掛けとの接触頻度とともに減少する。一方、負担は接触頻度によって基本的には変わらないので、便益が負担に勝っている間しか人の行動を変えることはできない。便益と負担が交差するポイントが仕掛けによる行動変化の分岐点になる。

この関係を概念的に示したものが図2である。便益も負担も客観的に測定できるものではないが、仕掛けの効果や持続性を検討する際には便益の減衰カーブと負担は良い切り口になる。

便益の減衰カーブは仕掛けの「飽きやすさ」を表している。この減衰が緩やかであるほど仕掛けの効果が持続することになる。

ゲーミフィケーション分野では上達できる、適度な難易度に設定されている、他の人に認められる、射幸心があおられるといった要素があると飽きにくくなることが知られており、仕掛けの飽きやすさを考える際にも参考になる。

バスケットゴールのついたゴミ箱はシュートの適度な難易度があり、練習すれば上達する要素がある。ピアノ階段は音が鳴ると楽しいが、演奏を上達させるのは相当難しいので何度も挑戦する動機は少ない。

図2は便益が低くても負担が低ければ仕掛けの効果が持続することも表している。

図2 仕掛けの便益と負担

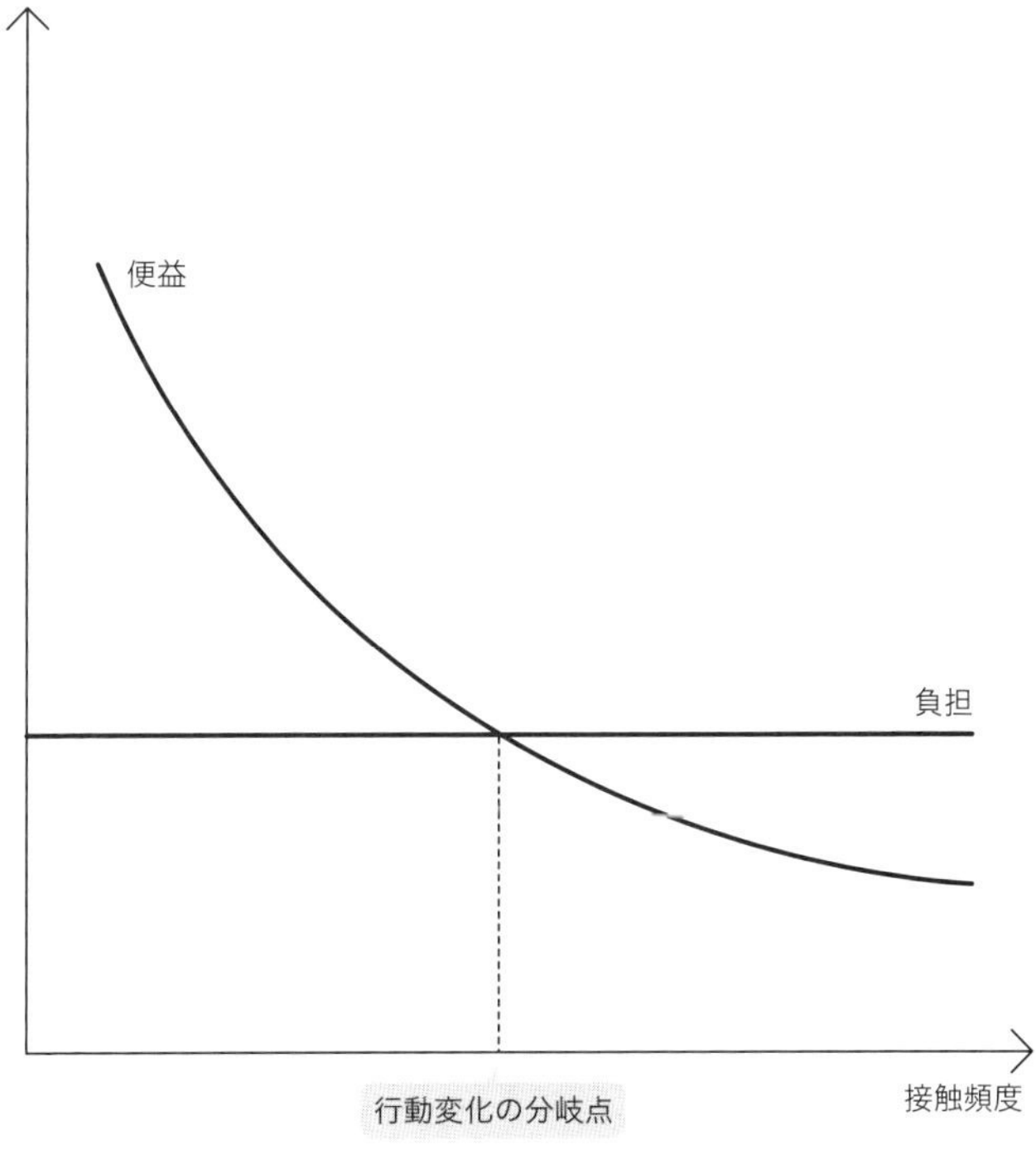

トイレの的は負担が十分低いので、仕掛けの効果が持続しやすい。

便益は下がる一方なので、最終的には負担の小さい仕掛けが長続きすることになる。仕掛けに飽きられにくくなる要因を加えることで便益の減衰カーブを上げたり緩やかにすることもできる。

［仕掛け18］は著者の長女が夏休みの自由研究としてペットボトルと100円ショップのケースを使って作成した貯金箱である。続けたくなる仕掛けとしてカプセルトイ（カプセルの中にはお菓子やお手伝いすることが書かれたカードが入っている）を組み合わせ、貯金箱に射幸心を加えて便益の減衰カーブを上げることを試みている。

何度も訪れない場所に設置する仕掛けなら、一度しか試みられないようなものでも問題はない。観光地やイベント会場であれば、負担が大きめの仕掛けでもそれ以上の

[仕掛け 18] カプセルトイのついた貯金箱

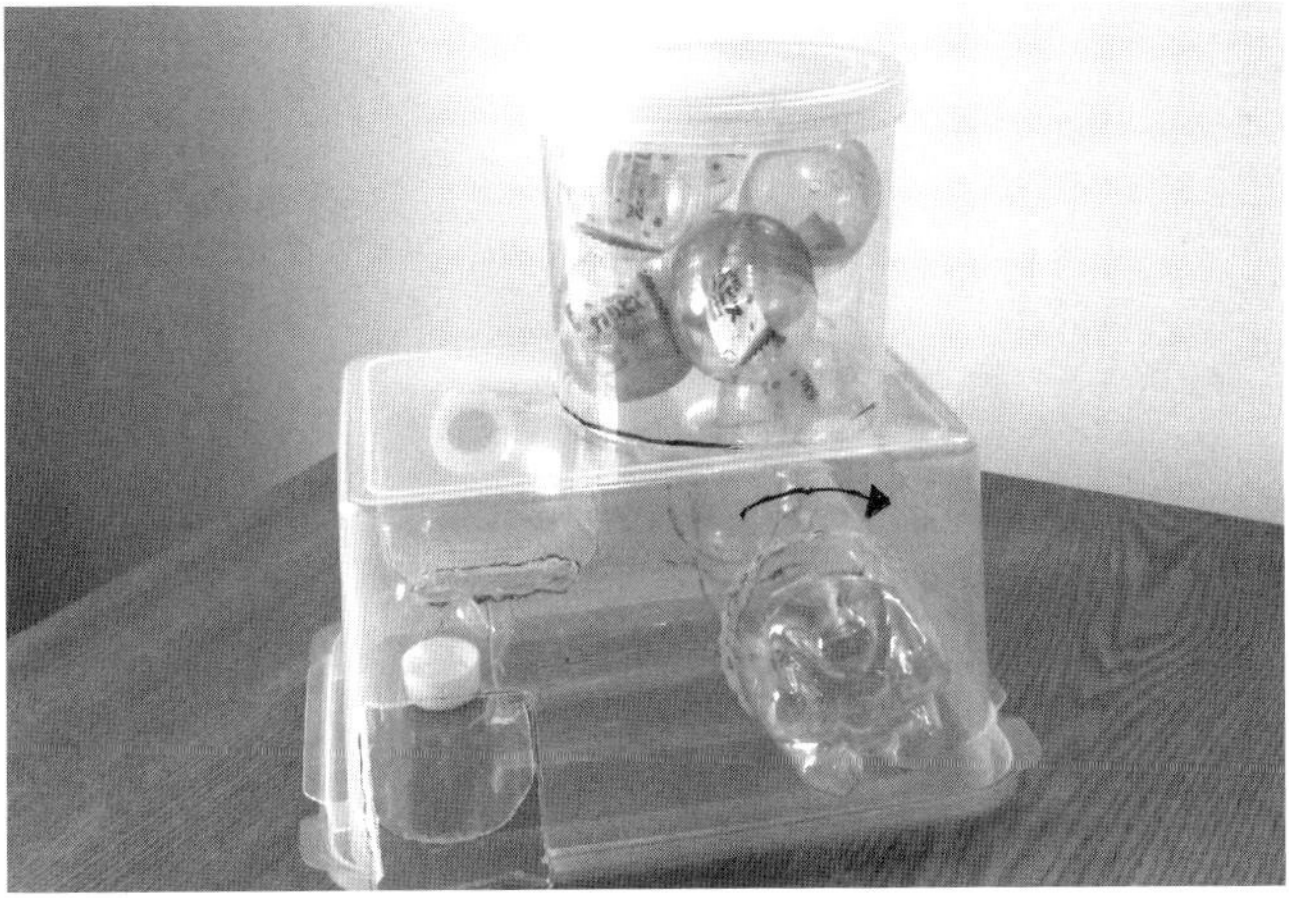

便益を盛ってあげれば一度は楽しんでもらえる。

インパクトのある仕掛けはソーシャルメディアで拡散されやすい。イベントや観光地の宣伝を期待するのであれば、負担が大きくて持続性が低くなったとしても便益の大きな仕掛けのほうが目的にかなっている。

持続する仕掛けが必ずしも良いわけではなく、目的によって使い分ければ良い。

行動中心アプローチ

仕掛けは装置によって問題解決をはかるのではなく、人々の行動を変えることで問題解決をはかる。この発想の転換が仕掛けの肝であり、装置中心アプローチの視点を行動中心アプローチの視点に変えることで新しいアプローチが見えてくる。

装置による問題解決は自動化できて便利だとは一概にはいえない。導入コストが必要であり、さらにメンテナンスや修理といった維持コストも必要となる。装置によって機能が制限されるので、かえって不便を強いられることも多い。

ゴミの分別一つとってもいろいろな種類のゴミの全てに装置で対応するのは困難である。人の行動を変えることで問題が解決するのであれば導入コストも維持コストもほとんどかからず、機能にも柔軟性が生まれる。

人がわずかな手間を肩代わりすることによって大きな便益が得られることは多い。

公共のトイレを清潔に保つことは身近な社会問題であり、さまざまな試みがなされている。この問題に対して自動洗浄装置や汚れにくい素材の開発といった装置中心アプローチが考えられるが、金銭的コストがネックになる。

一方、[仕掛け8、9]のようにトイレに的をつけるのは、人の行動を変えることでトイレを清潔に保つ行動中心アプローチになる。

人目のつきにくい場所はゴミを捨てられたり散歩中の犬のフンが放置されることが

しばしば問題になる。装置中心アプローチとしてはセンサーライトを設置して人目につきやすくしたり防犯カメラを設置することなどが考えられるが、機器を購入したり屋外配線の工事が必要になるといった金銭的コストが伴う。

行動中心アプローチとしては［仕掛け12］の小さな鳥居を設置して神聖な鳥居の前にゴミを捨てるという罰当たりなことはできないという規範意識に訴えかけ、心理的にゴミを投棄させにくくできる。

防犯対策も身近な社会的問題の一つである。窃盗犯から家を守るための装置中心アプローチとしては、ピッキングしにくい鍵や指紋認証錠に付け替えたり、警備会社の防犯設備を設置するといった対策を行いセキュリティレベルを上げ、家への侵入を物理的に防ぐことが考えられる。

行動中心アプローチでは、窃盗犯のやる気を削いで犯罪を未然に防ぐことを考える。ゴミのポイ捨て、違法駐輪、建物の割れた窓を放置していると、無法地帯であることのサインとなって連鎖的に環境が悪化することは割れ窓理論として知られている

［Wilson and kelling 1982; Keizer 2008］。そこで空きスペースに花壇を作れば住民の当該地域への関心やモラルが高いことのサインになり、窃盗犯から敬遠される。

花壇を作るアプローチは、街の景観が美しくなるだけでなく、その副作用として治安を高めることにも貢献する。

仕掛けもどきに注意

仕掛けのつもりで設置したものの、想定していた行動が起こらず仕掛けになり損ねたものもある。［仕掛けもどき19］は著者が免許の更新に訪れた免許センターで撮ったものであり、足跡が避けられていることがわかる。

足跡はその上に立つことが暗黙的に伝わるので、［仕掛け7］の動く歩道や電車の駅のホームなどでよく用いられる仕掛けである。しかし［仕掛けもどき19］は当初の思惑とは違った結果になっている。

[仕掛けもどき19] 手描きの足跡

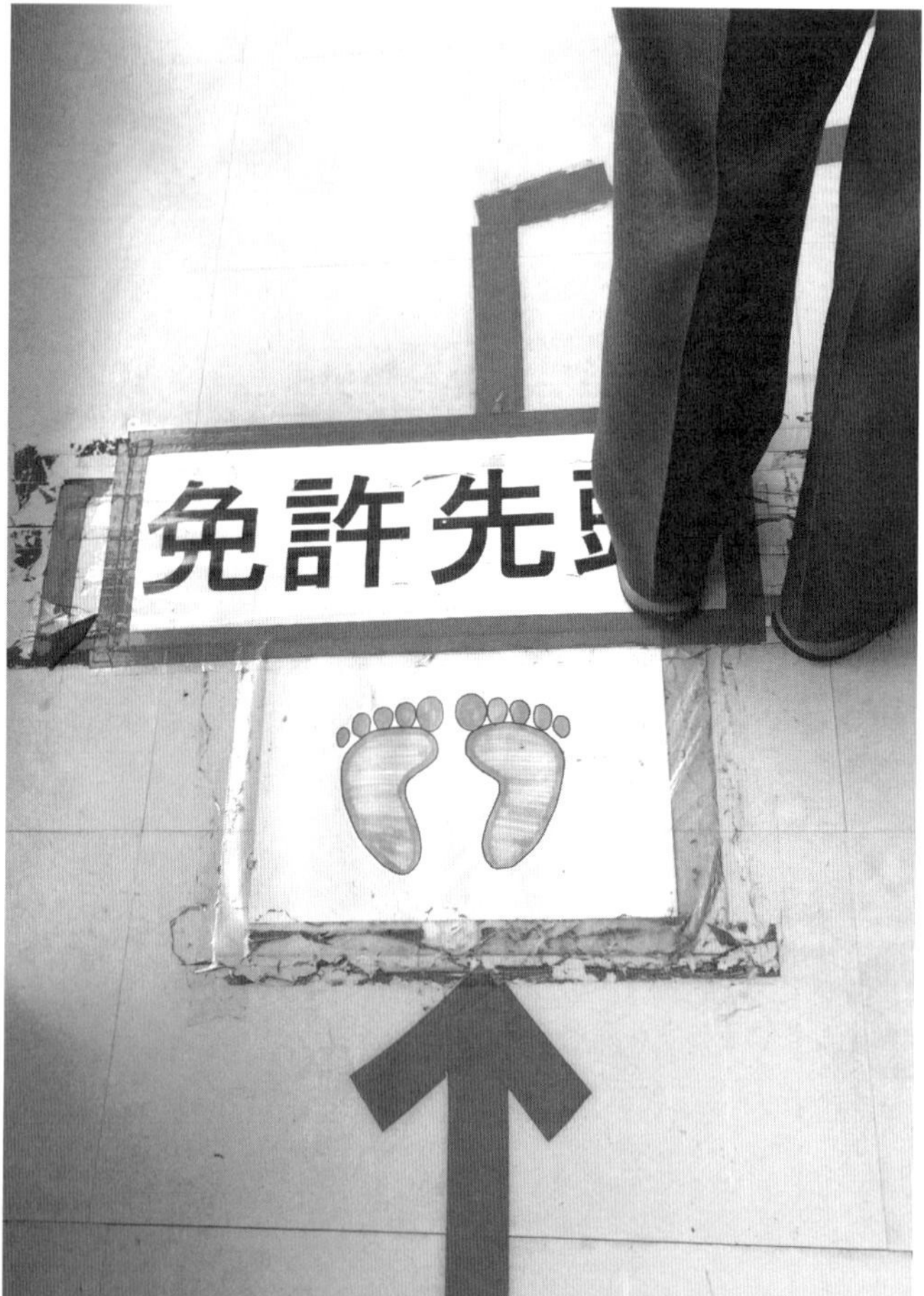

おそらくこれは足跡が手描きで丁寧に描かれているために、その上に立つのはなんとなく気が引けたからだと考えられる。当初の思惑通りの行動の変化が起こらなかったので、仕掛けになり損ねた「仕掛けもどき」といえるだろう。

手描きの絵の上に立つのは気が引けることを利用した仕掛けもある。子供たちによる手描きのポスターを路面シートに加工して違法駐輪の多い路面に張るという試みが大阪市や足立区などで行われており、違法駐輪が減ったことが報告されている。[*11]

免許センターの足跡の仕掛けも、踏みつけても罪悪感のわかないイラストにすれば効果が見込めたかもしれない。

＊11 「広報ひがしよどがわ」2013年6月号。

正論が効かないときの処方箋

バスケットゴールがついたゴミ箱に出会ったとき、わざわざ離れたところからゴミをシュートする行為は社会的に正しいアプローチだろうか。正論をいえば、わざわざ離れた場所からゴミを投げるのは行儀が悪く、あまり褒められたものではない。ゴミ箱に十分近づいてそっとゴミを捨てる所作が美しい立ち振る舞いであろう。

正論だけでは人は動かないことは我々のよく知るところである。ゴミはゴミ箱に捨てるものであることは誰もが知っているし、エスカレーターよりも階段を使ったほうが運動になって健康に良いことも皆知っている。

頭ではわかっていても行動には移せないときに、別のアプローチで行動を誘うのが仕掛けの役割である。

仕掛けは正論を阻害するものではなく、実現されない正論に対処するための代替的なアプローチである。

2章

仕掛けの仕組み

仕掛けの原理

問題を解決するための手段として仕掛けが有効であることはすでに述べた通りであるが、いざ仕掛けを自分で作ろうとすると、どこから手をつけていいかわからない。思い返してみれば幼稚園、小学校、中学校、高校、大学、大学院とさまざまな場所でさまざまなことを学んできたにもかかわらず、仕掛けの考え方や作り方については習った記憶がない。

しかしながら私たちがつい引き込まれてしまうものが仕掛けなので、自分自身が引き込まれている理由を客観的に考えてみれば仕掛けが働く仕組みが見えてくる。

トイレの的は「つい狙いたくなる的」を適切な位置に設置するという仕組みになっている。このことに気がつくと、的になりそうなものを利用することが仕掛けを作る方法の一つになることがわかる。

このような簡単な例ばかりではなく、もっと複雑な仕組みを持った仕掛けも多い。著者は仕掛けの事例を収集するのが趣味であり、解決したい問題や設置する場所、対象とする人の属性や興味によってさまざまな仕掛けを見てきた。

これほど多様ならば、仕掛けに通底する原理は存在しないように見えるが、仕掛けの背景にある「仕掛けの原理」は、実は驚くほど単純である。

仕掛けの構成要素

仕掛けの原理を説明する前に、仕掛けの原理を記述するときに用いる用語について述べておく。

仕掛けを体系的に理解するためには、仕掛けの特徴を記述するための統一された用語が必要である。たとえば、トイレのハエの的の例だと、すぐに思いつく語として「トイレ」「ハエ」「的」が挙がるかもしれない。
しかし、これだとトイレのハエの的の事例の説明にしか使えない。仕掛けの原理は、より汎化された本質的な現象を説明するもので、個別事例の構成要素のことではない。たとえば的については、ハエでなくても射的の円形の的や「当」の文字でも良い。そういった意味では「トイレ」も「的」も「ハエ」も仕掛けの原理の本質的な構成要素とはいえない。

物理的な構成要素を記述するのではなく、仕掛けによって引き出される行動を記述することも考えられる。「狙う」という用語は、的や的のデザインについて言及することなくトイレのハエの的の仕掛けの本質を的確に表している。「トイレ」「ハエ」「的」より「狙う」のほうがずっと汎用的であり本質を突いている。

ではこれで良いかというと必ずしもそうではない。その用語でどれだけ多くの仕掛けの事例を説明できるかが重要であり、実際の仕掛けの事例と対応づけながら、多くの仕掛けの事例を説明できる用語を探していくことになる。

そういう意味では「狙う」という用語は仕掛けの事例のほんの一部しか説明できないので十分ではない。

また行動を表す用語（動詞）は数が多いので、仕掛けの原理を説明する用語には適していない。たとえば内閣告示の定める常用漢字表には動詞が１０００個以上も含まれており、仕掛けの構成要素を記述するには数が多すぎる。


仕掛けに関連する学問分野は多岐にわたる。仕掛けが物理的に存在する以上、工学やデザインと深く関わっているし、行動を生み出す心理的側面に着目すると心理学や行動経済学が深く関わっている。

そこで、それらの分野で用いられている専門用語を参考にした。仕掛けの事例と対応づけながら関連する用語をまとめていき、実用的なレベルでの抽象化を試みた。このようにして仕掛けの特徴を取り出して整理してみると、仕掛けの構成要素はかなり絞り込めることが見えてきた。

著者が仕掛けの120事例を調べたところ、大分類2種類、中分類4種類、小分類16種類の原理の組み合わせで全ての仕掛けを説明できることを発見した。得られた結果を図3に示す。以降ではそれぞれの原理について詳しく見ていく。

この分類体系は事例を分類することを通してボトムアップに構築されたものであり、理論的に構築されたものではない。各原理が互いに独立というわけでもないし、見方によっては別の分類体系もありうる。この分類体系が唯一の絶対的な分類体系ということではなく、一つの見方としてご覧いただきたい。

[大分類] 物理的トリガ/心理的トリガ

図3を見ればわかるように、仕掛けを構成する大分類は「物理的トリガ」と「心理的トリガ」からなる。

図3 仕掛けの原理

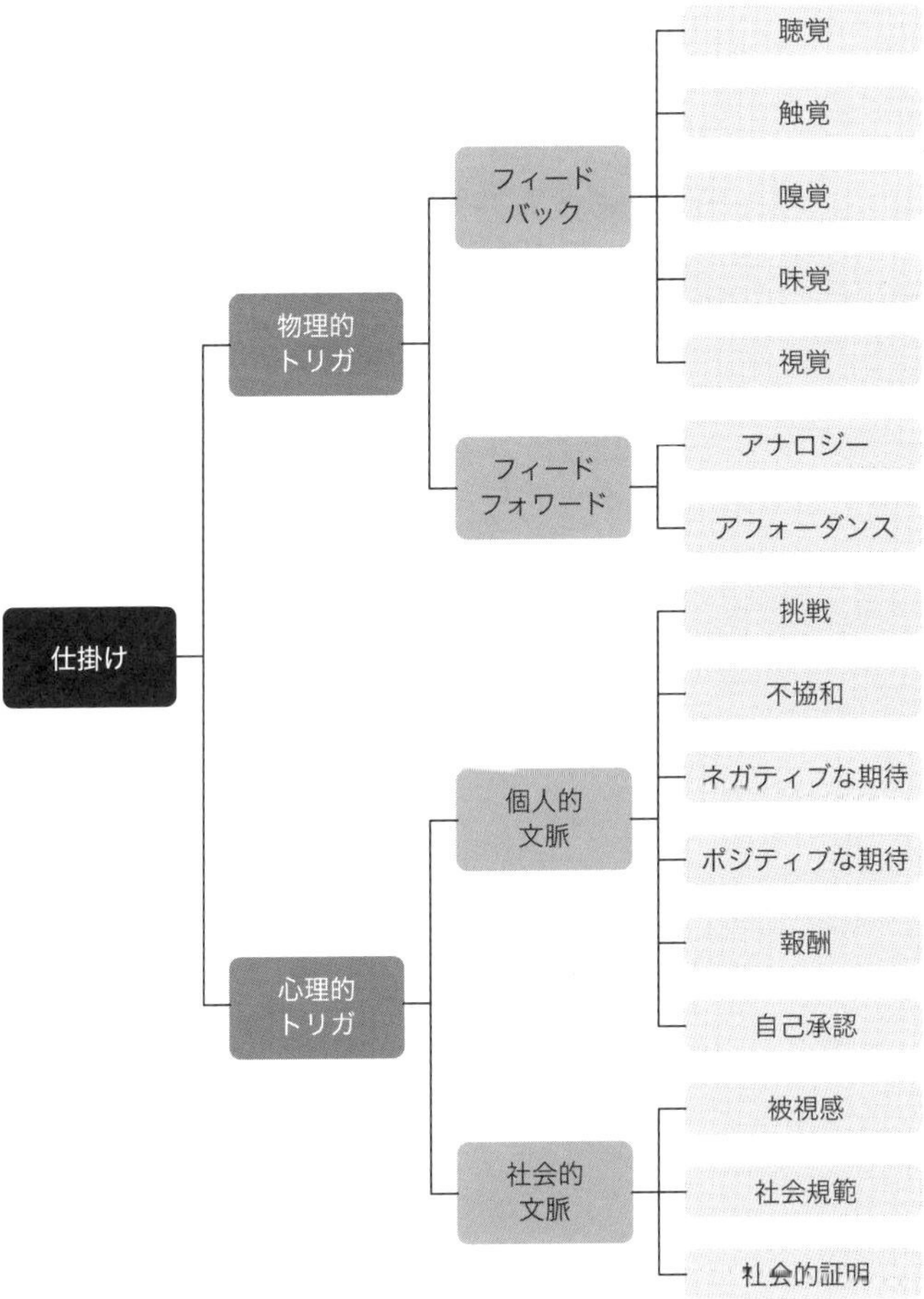

仕掛け
物理的トリガ
心理的トリガ
フィードバック
フィードフォワード
個人的文脈
社会的文脈
聴覚
触覚
嗅覚
味覚
視覚
アナロジー
アフォーダンス
挑戦
不協和
ネガティブな期待
ポジティブな期待
報酬
自己承認
被視感
社会規範
社会的証明

「トリガ」は「引き金、誘引、きっかけ」という意味である。物理的トリガは知覚される物理的な特徴、心理的トリガは人の内面に生じる心理的な働きのことであり、物理的トリガと心理的トリガは図4のような関係にある。

心理的トリガは物理的トリガによって引き起こされ、互いが自然に結びつく関係にあるとき、その仕掛けはうまく機能する。「自然に結びつく」とは、物理的トリガが知識や経験したことを思い出すきっかけになり、それに伴う心理的トリガが自然に想起されることである。

人によって引き起こされる心理的トリガの有無や強度は異なるので、場合によっては行動を変えないこともある。しかし、仕掛けは行動を強要するものではないため、行動を変えないという選択肢も選べるアプローチはむしろ望ましい。

「仕掛け10」のピアノ階段では、ピアノのように見せた階段と実際に鳴るピアノの音が物理的トリガとなる。そのピアノ階段によって「音を鳴らしたい」という心理的ト

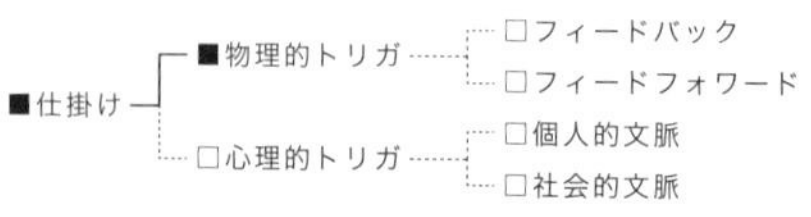

図4 物理的トリガと心理的トリガの関係

リガが生じ、ピアノ階段を上り下りするという行動を生み出す。

「仕掛け12」の小さな鳥居はその色や形状による物理的トリガが「罰が当たらないように」という心理的トリガを生み、ゴミを捨てないという行動につながる。

「仕掛け4」の駐輪場も、路面に引かれた線という物理的トリガが「線をまたぎたくない」という心理的トリガを生み、線に沿って駐輪するという行動を生み出す。

このように、仕掛けは物理的トリガによって心理的トリガが引き起こされ、それによって行動が変わるという順序を経て機能する。


続いて、物理的トリガと心理的トリガのそれぞれの構成要素について述べる。

[中分類] フィードバック

物理的な特徴を介して人に影響を及ぼす物理的トリガは「フィードバック」と「フィードフォワード」の中分類から構成される。

- ■仕掛け
  - □物理的トリガ
    - □フィードバック
    - □フィードフォワード
  - ■心理的トリガ
    - □個人的文脈
    - □社会的文脈

フィードバックは人の行動に応じて仕掛けが変化する仕組みである。このような変化は人の五感を通して知覚されるので、「聴覚」「触覚」「嗅覚」「味覚」「視覚」がフィードバックを構成する小分類になる。

［小分類］聴覚

視覚のところでも紹介した［仕掛け14］の募金箱は投入したコインが加速しながら回転する視覚的なフィードバックに加えて、コインの回転が速くなるにしたがって風切音の周期もどんどん速くなる聴覚のフィードバックもある。視覚と聴覚の両方のフィードバックを同時に生み出す、よくできた仕掛けである。

また、［仕掛け10］のピアノ階段は階段を踏むとピアノの音がフィードバックされる。序章で紹介した世界一深いゴミ箱は、ゴミを捨てると長い落下音と衝突音をフィードバックする。

日本にも古来から音を利用した仕掛けがある。うぐいすの鳴き声に似た音を出すうぐいす張りの廊下は、侵入者に気づくための仕掛けである。
竹筒が石を打って音を響かせる鹿威《ししおど》しは鳥や獣を追い払う。風になびいたときに音を奏でる風鈴は涼しさを感じさせる。これらの音は風流なものとして今でも親しまれている。これらも音のフィードバックを利用している。

音は勝手に耳から入ってくるので強制的に気づかせることができ、うまく使えば強力な仕掛けになる。しかし使い方を間違えると周りの迷惑にもなるので、仕掛けを設置できる場所や状況は制限される。

音を出しても許される場所、たとえばざわついているイベント会場や、ちょっと変わったものが置いてあっても違和感のない観光地などでは設置しやすい。

［小分類］触覚

ミニウサギのふわふわした毛や猫や犬の足裏のプニプニした肉球は、手触りがいいのでつい触りたくなる。一方、トゲトゲしたクリの実は痛そうだし、ベトベトした換

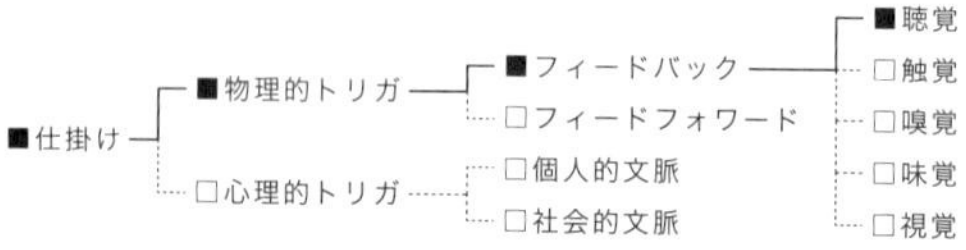

気扇は気持ち悪いので触りたくない。
道がフカフカしていると楽しくてつい歩きたくなる。暑い日にはヒンヤリしたものを触りたくなるし、寒いときは暖かいものを触りたくなる。暑い日は日陰を歩きたくなるし、寒い日はひなたを歩きたくなる。

このように手や足や肌などを通して伝わってくる刺激を利用して行動を誘うことができる。ヤマト運輸が実際に行ったキャンペーンに、幅数メートルもある巨大なポスターにふわふわの黒い毛で覆った大きな黒猫の顔を描いたものがある。毛触りがいいのでつい触りたくなり、その体験をソーシャルメディアで他の人に伝えたくなる。
この巨大ポスターは新しいサービスのキャンペーン目的で設置されたものであるが、クチコミで話題になり狙い通りの結果が得られたそうである。

振動を使った仕掛けもある。［仕掛け20］の三角トイレットペーパーを使うと、3分の1回転するたびにわずかな振動が手に伝わるフィードバックを実現できる。[*12]

[仕掛け 20] 三角トイレットペーパー

- ■仕掛け
  - ■物理的トリガ
    - ■フィードバック
      - □聴覚
      - ■触覚
      - □嗅覚
      - □味覚
      - □視覚
    - □フィードフォワード
  - □心理的トリガ
    - □個人的文脈
    - □社会的文脈

この三角トイレットペーパーとただのトイレットペーパーの使用量を比較[*13]したところ、三角トイレットペーパーのほうが一人当たりの使用量が約30％も少なかった。

［小分類］嗅覚

お店の前を通りがかったときに美味しそうな匂いがするのは偶然ではない。気づいてもらえるようにお店の人が人通りに向けて匂いを流している。

自分のお店でパンを焼いていないパン屋さんのために、焼きたてのパンの匂いのする香水も売られている。

［仕掛け11］のホームベーカリーも焼きたてのパンの匂いで快適に目覚めさせている。

［仕掛け21］は香りを利用したチョコレート菓子のポスターである。「一つだけチョ

＊12　手で押して三角形にした。
13　大阪大学の2011年度開講科目基礎セミナー「人を動かす仕掛けの仕組み」にて実施した。

[仕掛け 21] 香るポスター

- ■仕掛け
  - ■物理的トリガ
    - ■フィードバック
      - □聴覚
      - □触覚
      - ■嗅覚
      - □味覚
      - □視覚
    - □フィードフォワード
  - □心理的トリガ
    - □個人的文脈
    - □社会的文脈

コの香りがするよ！」のただし書きとともに14枚のポスターが貼られているので、つい匂いをかいでチョコの香りのするポスターを探してしまう。このユニークな試みはつい人にも話したくなるので結果として宣伝にもなる。

近鉄奈良線もしくは大阪環状線の鶴橋駅で下車すると、ホームにまで充満した焼肉の匂いで食欲をそそられる。[*14] 著者は学生時代に鶴橋駅で乗り換えて通学していたので、鶴橋といえば焼肉という強固な連想記憶が刷り込まれてしまっている。おかげで今でも、焼肉を食べたいと思ったときは真っ先に鶴橋が思い起こされる。

このようにさまざまなところで匂いは演出され、私たちの注意を引く仕掛けとして利用されている。

匂いも音と同じく、近くにいる人を強制的に巻き込むので、仕掛けとして利用する

＊14　2016年4月3日現在、食べログ（http://tabelog.com/）でエリア「鶴橋」、キーワード「焼肉」で検索すると83件もヒットする。

際には十分な配慮が求められる。

［小分類］味覚

［仕掛け22］は、写真はカリフォルニア州のアウトレットモールで見かけたケトルポップ（ポップコーン屋さん）の試食マシンである。タンクの下についている十字の取っ手を回すと片手いっぱいのポップコーンが落ちてくる。カプセルトイのようでつい回したくなり、ポップコーンの味も覚えてもらえるという仕掛けである。

口に入れるものは食べ物ばかりではない。駐車場の入口で駐車券を受け取ると駐車券を口にくわえる人がいる。その無意識の行動に着目したチューインガム会社が、新しい味のガムのキャンペーンとして駐車券にミント味の層をつけた事例がある。駐車券を取って口に運ぶとガムの味に気づくという味覚を使った仕掛けであり、駐車場の近くのお店でそのガムの売上が上がったそうである。

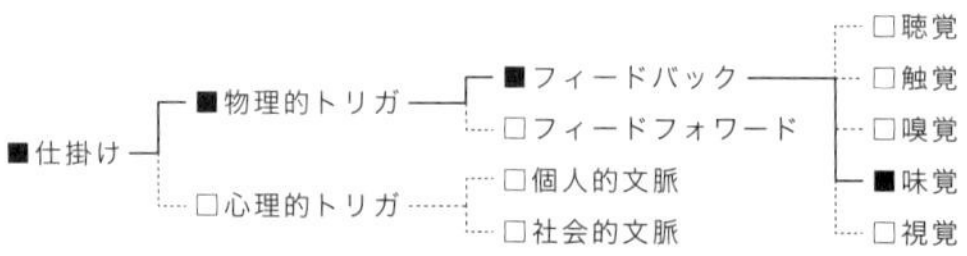

[仕掛け 22] 試食マシン

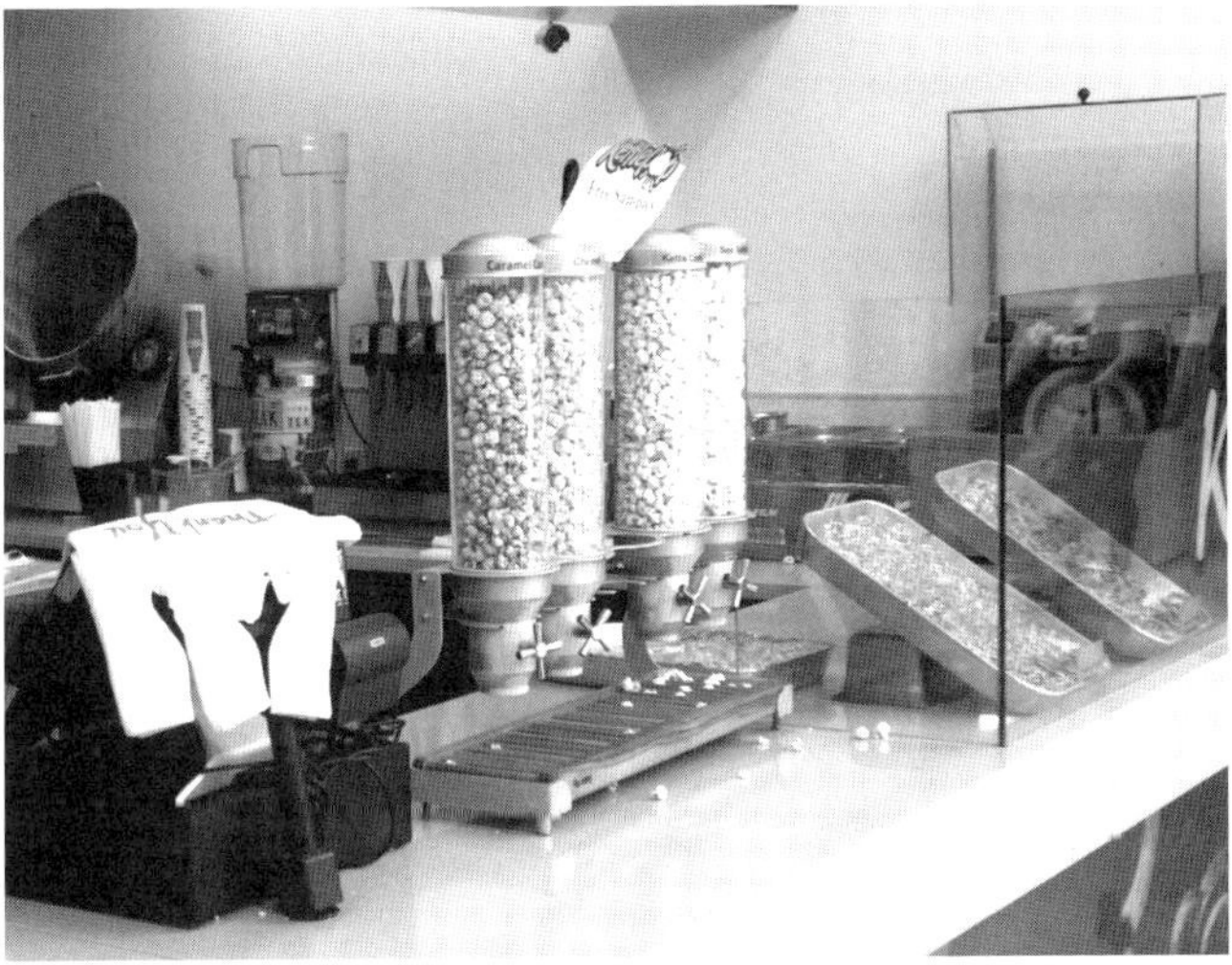

小さい子供は何でも口に入れたくなる時期があるが、のどにつまらせると危険なものもある。そのような誤飲を防ぐためにリカちゃん人形にはとても苦い味が塗布されており、子供が誤って口に入れたときに吐き出すようになっている。これも味覚を利用した仕掛けである。

［小分類］視覚

人は環境から受け取る情報の多くを視覚に頼っているので、視覚を利用することは王道である。視覚のフィードバックは、動く、形が変わる、色が変わるなどによって表現される。

［仕掛け14］の募金箱は投入したコインが加速しながらグルグル回る。［仕掛け6］のぬいぐるみは、おもちゃを食べるにつれてお腹がどんどん大きくなる。［仕掛け9］のトイレの「炎」の的は命中すると鎮火する。

［仕掛け23］は、阪急百貨店うめだ本店の大通りのディスプレイに設置された展示である。鏡に笑顔を向ければ、それに反応して桜が咲くようになっている。参加する人

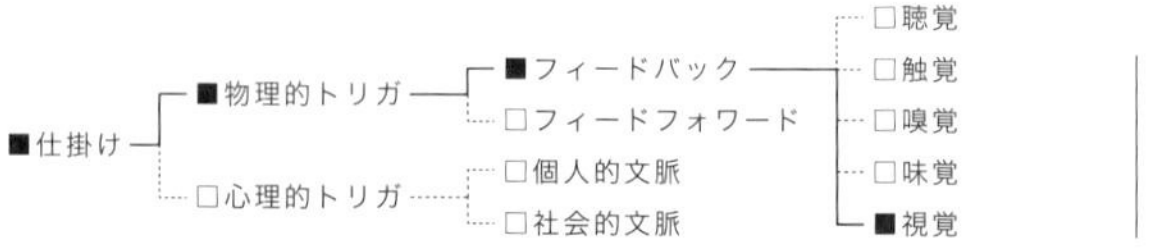

[仕掛け 23] 笑顔に反応する展示

もそれを見ている人もつい笑顔になる仕掛けである。

人の行動に応じて視覚的にフィードバックすると、仕掛けと「遊べる」ようになるので、仕掛けの誘引力はぐんと強くなる。

視覚化の対象は目に見えるものばかりではない。見えないものを見えるようにすることも可能である。

万歩計を使えば歩数という見えない対象を数字として表せる。万歩計によって歩数が少ないことがわかれば、もう少し歩こうという心理的トリガが生まれる。

脳波から読み取った感情に応じてカチューシャについた猫の耳が動くnecomimi[*15]も目に見えない感情を見えるようにしたものである。猫の耳が動くという体験が楽しくて、誰かとコミュニケーションしたいという心理的トリガが生まれる。

*15 http://jp.necomimi.com/news/index.html

[中分類] フィードフォワード

フィードフォワードは人の行動に反応するフィードバックと違って、人が行動を起こす前に仕掛けから人に伝わる情報である。仕掛けを見たときに何に使うものなのか予想がつくと、それに導かれるように行動が変わる。

フィードフォワードを構成する小分類には「アナロジー」と「アフォーダンス」がある。以下ではそれぞれについて述べる。

[小分類] アナロジー

アナロジーはものごとの類似性のことである。知識や経験から類推できることがらを利用する。

[仕掛け1] の筒が覗き込みたくさせるのは、望遠鏡からのアナロジーである。

[仕掛け10] のピアノ階段が音が出るかもしれないと期待させるのは、ピアノからの

アナロジーである。

「仕掛け12」の小さな鳥居が罰当たりな行動を慎ませるのは、神社の鳥居からのアナロジーである。

「仕掛け8」のトイレの的が狙いたくさせるのは、的は狙って当てるものという皆が知っていることからのアナロジーである。

さらに「仕掛け9」のようにトイレの的に炎というアナロジーを追加すると、的を見ると狙いたくなることと炎を見ると消火したくなることがうまく組み合わさり、仕掛けに相乗効果をもたらす。


アナロジーは初めて見たものでも馴染みの深いものに変える（異質馴化《いしつじゅんか》）ので、直感的に仕掛けに対する望ましい振る舞いを人に伝えることができる。

それと同時に、アナロジーは馴染み深いものを異質なものに変える（馴質異化《じゅんしついか》）ので、人の興味を引くようになる。うまい仕掛けの多くはアナロジーの使い方が巧みであり、異質馴化と馴質異化を同時に引き起こすことで直感的に人々の興味を引き、行

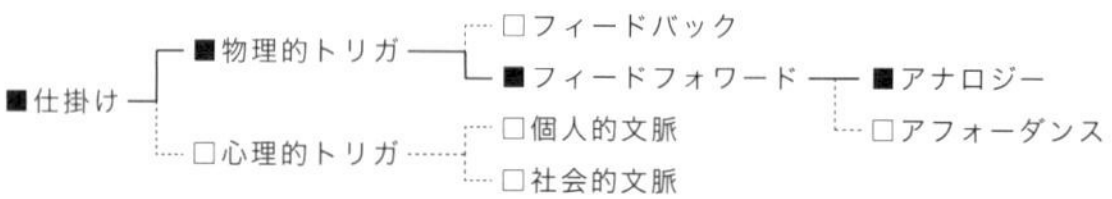

動を誘うことに成功している。

国内外のさまざまなところで仕掛けの話をすると、仕掛けは文化に依存するのではないかという質問をよく受ける。

アナロジーには文化差が存在するが、著者がこれまでに収集した仕掛けの事例の中で明確に文化に依存していたのは［仕掛け12］の小さな鳥居の例くらいであり、ほとんどの仕掛けは文化とは無関係であった。普遍的なアナロジーをうまく利用すれば、文化や国籍を超えて伝わる仕掛けを作ることができる。

［小分類］アフォーダンス

アフォーダンス*16は見ただけで使い方がわかる「物の特徴」のことである。これだけ

*16 ここでは、ジェームス・ギブソンが用いた意味でのアフォーダンス［Gibson 1986］ではなく、ドン・ノーマンが用いた知覚されたアフォーダンス（Perceived Affordance）［Norman 1988; Norman 2010］の意味で用いている。

ではアナロジーとの区別がつきにくいが、「事前知識がなくても」という条件下でも伝わる特徴のことである。

イスを見たことがない人でも、イスを見ると「座れる」ことがわかる。この場合、イスは「座る」ことをアフォードしているということができる。

「仕掛け1」の天王寺動物園の筒の仕掛けは、望遠鏡のように見えるところはアナロジーを利用しているが、穴が開いているので覗ける、覗くのにちょうど良い高さにあるところはアフォーダンスを利用している。筒の仕掛けが強力な誘引力を発しているのは、これらの複数の物理的トリガが組み合わさっているからである。

アフォーダンスは「できる」という可能性を暗に伝えるだけであって、それだけでは「したくなる」という気持ちにさせるものではない。

イスは「座る」ことをアフォードしているが、イスを見たらみんな座るのかといえば、もちろんそうではない。ちょっと休憩したいときとか、人と待ち合わせをしてい

- ■仕掛け
  - ■物理的トリガ
    - □フィードバック
    - ■フィードフォワード
      - □アナロジー
      - ■アフォーダンス
  - □心理的トリガ
    - □個人的文脈
    - □社会的文脈

るときは「座りたい」と思っても、急いでいるときは「座りたい」とは思わない。

アフォーダンスだけで「ついしたくなる」ように行動を誘うわけではなく、前述したフィードバックや後述する心理的トリガといった他の要因を埋め込むことで、仕掛けとしての効果を発揮するようになる。

人間は豊かな知識と経験を持っているので、たいていの物の用途は推測できてしまい、実のところアフォーダンスの出番はあまりない。イスも実際のところ「座れる」ことを知っているというほうが正しいだろう。

しかし、ちょうど腰をかけられる程度の高さのところにほど良い硬さを持った平らな面があるという場面に遭遇したときに、その面に座れるとわかることがアフォーダンスである。机は本来座るものではないし我々もそのことを知っているが、教室に集まって話をするときにイスが足りなければ机に座ったりする。

これは机が座ることをアフォードしている例である。

通路の床の塗装が剥げているところは人がよく通るところであり（［写真31］で後述）、ドアの手垢がついているところはよく押される箇所である。

このような行動の痕跡を示すことで人の行動をアフォードすることもできる。「足跡」は人がいたという痕跡を象徴的に表したものなので、足跡を描くだけで駅のホームの並び方やレジ待ちの行列の並び方などを示すことができる。［仕掛け7］の動く歩道に描かれた両足の揃った足跡は、立ち止まって左側に乗ることを暗に示すアフォーダンスを利用した仕掛けである。

［中分類］個人的文脈

心理的トリガは物理的トリガによって人の内面に生まれる心理的な働きである。心理的トリガは「個人的文脈」と「社会的文脈」の中分類から構成される。まずは個人的文脈について述べる。

個人的文脈は自分自身の事情により個人の内面に生まれる心理的な働きである。こ

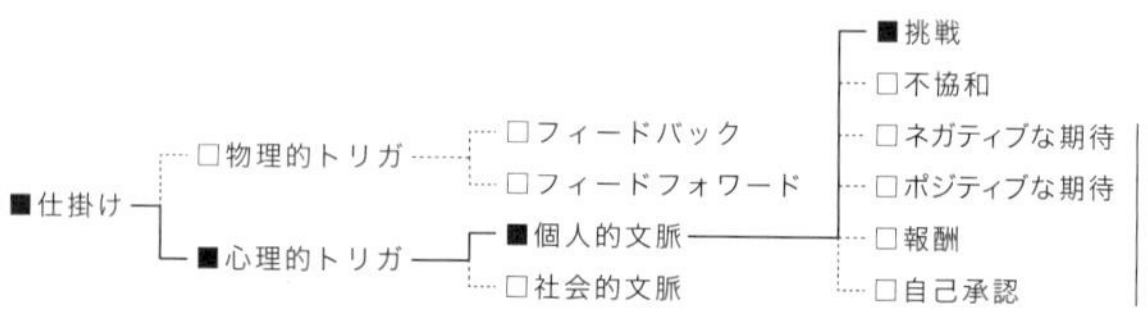

れには「挑戦」「不協和（の解消）」「ネガティブな期待」「ポジティブな期待」「報酬」「自己承認」からなる小分類が含まれる。

［小分類］挑戦

挑戦はその名の通り「挑戦してみたい」と思わせるような心理的な働きである。トイレの的を見ると狙いたくなる、ゴミ箱の上にバスケットゴールがあるとシュートしたくなるのは、つい挑戦したくなるからである。

このときに挑戦が簡単すぎても難しすぎても楽しくないので、ちょうど良い難易度に設定することが重要である。的が目の前にあれば挑戦したくなるけれど、１００メートルも離れていたら挑戦する気にならない。

コンピュータゲームだと難易度の調整は簡単にできるが、本書で対象とするような物理的な仕掛けの多くはそのような調整は難しい。対象とする人を想定した上で、その人が楽しめるような難易度に調整することが重要になる。

挑戦を利用した仕掛けは人を無邪気にさせるものが多いが、人の目が気になるような場所では仕掛けの効果は出にくい。バスケットゴールのついたゴミ箱をゴミは近づいて捨てるべきだと茶々を入れてくる人がいそうな場所に設置しても効果は出にくいだろう。そのようなときはバスケットの試合会場や遊園地といった人の目が気にならないような状況に設置すれば良い。

［小分類］不協和

不協和は整っていない、揃っていない、乱れている、あるべき場所にないといった自分が好ましいと思う状況と現実との不一致のことである。不協和に気づくと気になる、気持ち悪い、解消したくなるといった心理的な働きを生み、それが行動を誘う。

［仕掛け4］の駐輪場の線はこの不協和を利用した仕掛けであり、線が引いてあるとついその線に沿って自転車を停めたくなることを利用している。

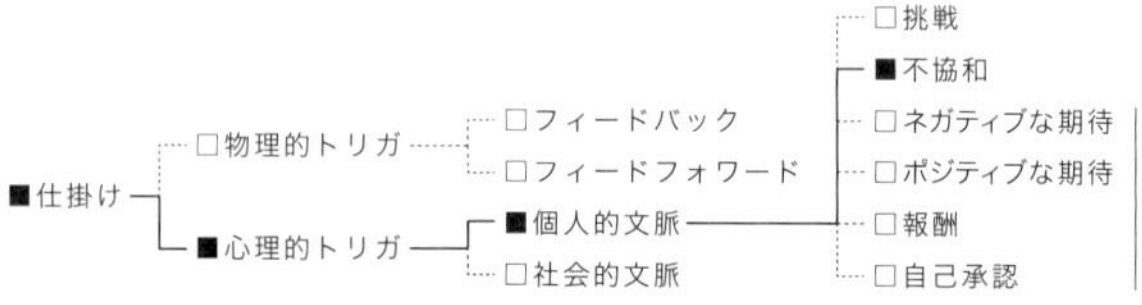

［仕掛け2］のファイルボックスの背表紙の線も、ファイルボックスを正しく並べてまっすぐの直線にしたくなることを利用している。このように、あるべき姿が一目見てわかるようにすることによって乱雑な状態を元に戻したくなる自浄作用が働く。それを利用するのが不協和による仕掛けである。

［小分類］ネガティブな期待

怖い思いや怪我をするような危険な行為はなるべく減らしたい。危険な行為を減らすために危険であることに気づかせるのは一つの正しい方法であろう。人は危険を察知すると、それを避けるように行動する。このことを利用するのがネガティブな期待を利用した仕掛けである。

［仕掛け24］のスピードカメラは、車のスピードをただ表示する装置である。無意識にスピードを出しているときに表示が目に入ると、それまで気に留めていなかった制限速度に意識が向き、超過していることに気づけば制限速度まで落としたくなる。

[仕掛け 24] スピードカメラ

- ■仕掛け
  - □物理的トリガ
    - □フィードバック
    - □フィードフォワード
  - ■心理的トリガ
    - ■個人的文脈
      - □挑戦
      - □不協和
      - ■ネガティブな期待
      - □ポジティブな期待
      - □報酬
      - □自己承認
    - □社会的文脈

スピードを出している人に対してのみネガティブな期待としてそのことを伝える仕掛けになっている。

やや強制的ではあるが道路上に起伏をつけて、スピードを落とさないと衝撃がくると予測させてスピードを落とさせるスピードバンプという仕掛けもある。

これは大変効果があるのだが、本当に急がないといけないときにその道が使えないので救急車やパトカーが通る道には設置できない。そういうときには錯覚を利用することもよく行われる。バンプをあたかもそこに存在するかのように立体的に描くイメージバンプだと、バンプとの衝突が起きないので緊急車両も通行できる。

また、道路の両サイドをペイントして道幅が狭くなっているように見せかけたり、道路を横切る白線の間隔を少しずつ狭めることで加速しているような錯覚を与えてスピードを落とさせる仕掛けもある。

日本の首都高速道路にも同様の原理を利用した仕掛け[*17]がある。踏んだときに不愉快な振動音がするランブルストリップスも車線を越えたことに気づかせる仕掛けである。信号や標識をわざとなくすことでドライバーや歩行者の注意を喚起して安全性を高める共有空間と呼ばれる仕掛けもある。

これらはいずれもネガティブな期待を利用している。

交通に関する事例ばかりではない。食堂などでメニューの横にカロリー表示があると、ダイエットに意識のある人は高カロリーなメニューを避けるようになる。もっと極端な方法として、食べ物を青色に着色したりブルーのサングラスをかけると食欲がなくなる。これは腐った食べ物だと本能的に察知した防御反応だと考えられている。[*18] これもネガティブな期待を利用した仕掛けである。

*17 線の代わりに白い楕円を描く方法で、オプティカルドットと呼ばれている。

*18 どぎつい原色のケーキが売られている国もあるので、文化的な背景も影響するのかもしれない。

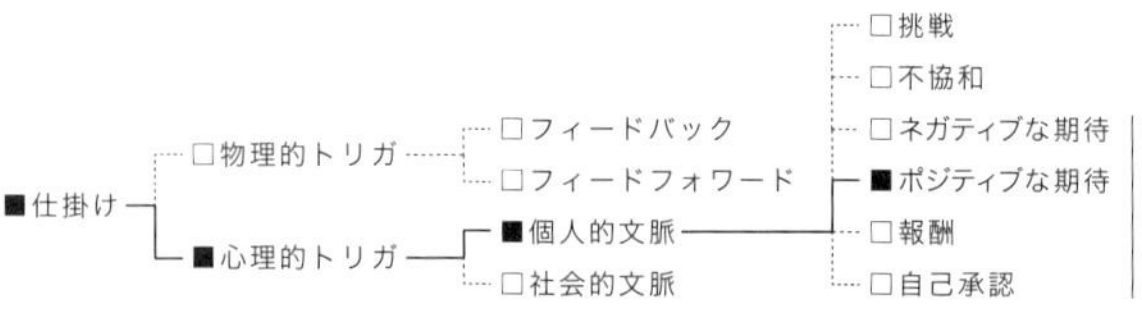

【小分類】ポジティブな期待

気になる、楽しそう、ワクワクする、といったポジティブな期待は、行動を変える強力なきっかけになる。本書で紹介している仕掛けの事例の多くもポジティブな期待を利用している。

たとえば、【仕掛け1】の筒は何が見えるか気になるので覗きたくなる。【仕掛け10】のピアノ階段はピアノの音が鳴ることを期待して階段を使いたくなる。【仕掛け13】の入口もドアから入るほうが簡単なのにわざわざトンネルから入りたくなる。これらはほんの一例であるが、ポジティブな期待をうまく利用している。

序章33ページで紹介したファン・セオリー・コンテストの入賞作品「世界一深いゴミ箱」は挑戦やポジティブな期待を利用したもので、これだけでも多くの仕掛けを考案できる。仕掛学ではポジティブな期待に加えて不協和やネガティブな期待といったより広範な心理的トリガまで含めることで、仕掛けの適応範囲を広げている。

［小分類］報酬

報酬はもらって嬉しいものを与えることで行動を誘発する方法である。

ファン・セオリー・コンテストのもう一つの入賞作品である「ザ・スピードカメラ・ロッタリー」は、スピードカメラで車の速度を計測し、制限速度ぴったりで走っている車の中から抽選で賞金が当たる宝くじを贈るというものである。この仕掛けによって車の平均速度が22％も下がったことが報告されている。[*19]

報酬はうまく使えば強力で効果的であるが、与え方によっては逆効果をもたらすことがある。子供が絵を上手に描いたときにご褒美としてお菓子を与えてしまうと、お菓子をもらえないなら絵を描くのをやめてしまうことが起こりうる。もともと好きだから絵を描いていたのに、お菓子をもらうために絵を描くように目的がすり替わってしまうためである。

*19　http://www.thefuntheory.com/speed-camera-lottery-0

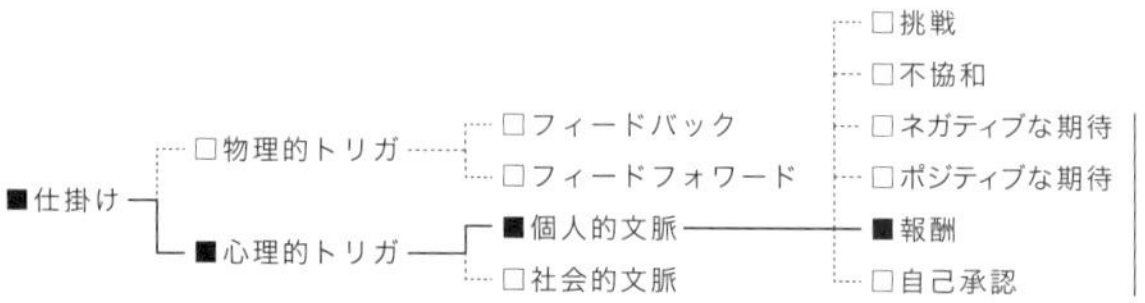

このような報酬によって本来持っていた動機が失われてしまうことをアンダーマイニング効果［Deci 1971; Lepper et al. 1973］といい、報酬を利用するときには注意が必要である。具体的には、必ず報酬が得られるのではなく、報酬がもらえるかもしれないしもらえないかもしれないという運の要素を入れると良い。

これは「宝くじ効果」と呼ばれており、「スピードカメラ・ロッタリー」でも直接報酬を与えるのではなく、宝くじの不確定性をうまく間に挟んでいる。「もらえるかもしれない」と思わせることが重要である。

報酬はポジティブな期待の一部のようにも思えるが、ポジティブな期待では何も与えないのに対して、報酬は何かを与えるものである。両者の考え方も大きく異なっていることから仕掛学では区別して扱う。

［小分類］自己承認

自己承認とは自分自身の行動が論理的であり、道理にかなっており、一貫しており、誠実であることを達成したいという欲求である。

身だしなみを気にするのは自己承認の一つの現れである。鏡があるとつい気になって鏡に映った自分の髪型や服装をチェックしたくなるのはそのためである。エレベーターロビーに鏡を設置するとエレベーターの待ち時間が快適になるといわれているのも、身だしなみに気を取られるためである［Norman 2009］。

著者が授業[*13]で行った実験では、チラシスタンドの上部に鏡を設置しただけで鏡を設置しなかった場合に比べてチラシスタンドのほうに目を向けた回数は5・2倍、ビラを取った枚数は2・5倍になった（*13：95ページ参照）。人は鏡があると気になってついチラシスタンドに近づいてしまい、そのときに自身の行動を正当化するためにチラシを取ったのではないかと考えている。

自己承認は承認欲求の一つであり、他の人に認めてもらいたいという欲求は他者承認と呼ばれている。自己承認と他者承認は互いに依存しており、簡単に切り分けられ

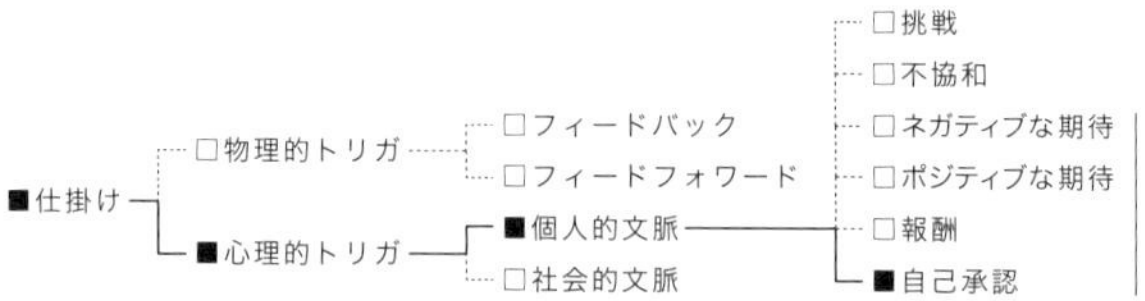

るものではない。

身だしなみの例でも、身だしなみを気にするのは他人の目を気にしている側面もあるので、自己承認だけで説明できるものではない。他者承認は心理的トリガのうち次に述べる社会的文脈とも深く関わっている。他者承認を導入すると仕掛けの原理がぼやけてしまうので、仕掛学では自己承認のみ取り上げる。

［中分類］　社会的文脈

人は社会的な生き物であり、社会的に望ましくないと思われている決まりごとには簡単には逆らえない。社会的文脈とはそのような社会的な制約がもたらす心理的な働きのことであり、「被視感」「社会規範」「社会的証明」の小分類からなる。

［小分類］　被視感

誰かに見られているような気がすると、人に見られても恥ずかしくない行動をつい取ってしまう。このような他人の視線という外発的な刺激に起因するものが被視感（見られている感）である。

「見られている」と思わせるもっとも典型的なアプローチは「目」を描くことである。目に気づく能力が動物に本能的に備わっているのは、襲ってくる敵にいち早く気づくためだといわれている。

実際、人は赤ちゃんのときから他の人と目を合わせられるし、犬や猫とも目を合わせられる。車を前から見るとヘッドライトが目、フロントグリルが鼻の顔のように見えるのも、人に気づいてもらえるようにわざとそうしている。

面白いことに誰かが実際に見ている必要はない。コーヒーの代金回収箱に目のシールを貼ると回収率が上がり［Bateson et al. 2006］、駐輪場の壁に顔の描かれたポスターを貼ると盗難が減る*20［Nettle et al. 2012］。

これらの例は本当に見られているわけではないのに効果がある点が興味深い。防犯

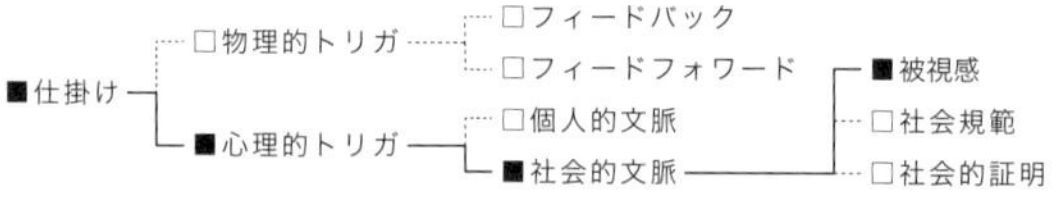

カメラも気づいてもらえれば抑止効果が見込めるので、［仕掛け25］の「ぼうはんかメラ」の落書きは効果があると思われる。

青色防犯灯も犯罪の抑制に効果があるといわれている。イギリスの都市グラスゴーで景観のために街灯を青色に換えたら犯罪が減ったことが発端となり[*21]、今や日本各地の自治体や自殺の多い駅のホームにも採用されている。[*20]

他の場所と雰囲気が違うことを警戒して犯罪や自殺が減ると考えられている。

［小分類］社会規範

社会規範は社会的に合意された従うべき基準となるべきものであり、行動や判断のよりどころとなる。

*20 他の場所では盗難が増えているのだけれど。
*21 青色防犯灯の下では静脈が見難くなるので、麻薬中毒者が去ったのが本当の理由らしい。

[仕掛け 25]「ぼうはんかメラ」の落書き

- ■仕掛け
  - □物理的トリガ
    - □フィードバック
    - □フィードフォワード
  - ■心理的トリガ
    - □個人的文脈
    - ■社会的文脈
      - □被視感
      - ■社会規範
      - □社会的証明

［仕掛け12］の小さな鳥居の例は、鳥居は神聖な場所にあるので罰当たりなことは慎むべしという社会規範を利用した仕掛けである。

また、［仕掛け4］の駐輪場の線に沿って駐輪するのは、そこに沿うべきであるという社会規範が線として可視化されているからである。

社会規範を利用した仕掛けは文化や地域が変われば通用しない。小さな鳥居の仕掛けは鳥居を知らない文化では通用しない。エスカレーターでの立ち位置が地域によって異なることは他の地域に住んでいる人にはわからない。室内で靴を脱ぐことも文化に依存している。

音を立ててスープを飲むのはマナーが悪いが蕎麦は音を立ててすするのが粋であるなど、枚挙にいとまがない。このような社会規範は目に見えないことが多いので、仕掛けによって見えるようにすることで行動を誘うきっかけにできる。

［小分類］社会的証明

社会的証明とは他の人々の行動によって生み出される規範のことである。

ゴミが一つも落ちていなかったらゴミを捨ててはいけないことの社会的証明になり、落ちていればゴミを捨てても良いことの社会的証明になる［Keizer 2008］。

［写真26］のスクーターの前カゴがゴミ箱ではないことは誰もが知っているし、そこに捨ててはいけないことも誰もが知っている。それなのにこうなってしまったのは、誰かが前カゴに捨てたゴミがゴミを捨てても良いことの社会的証明になってしまい、他者のゴミ捨て行動を誘発したのだと考えられる。

まちを歩いていると、路上の弾き語りがチップが入っているギターケースを広げている場面に出くわすことがある。このとき、ギターケースの中がお札ばかりだとお札を入れる人が多くなり、コインばかりだとコインを入れる人が多くなる。

このような他の人が入れたチップの金額に影響を受けることはシードマネー効果と

- ■仕掛け
  - □物理的トリガ
    - □フィードバック
    - □フィードフォワード
  - ■心理的トリガ
    - □個人的文脈
    - ■社会的文脈
      - □被視感
      - □社会規範
      - ■社会的証明

[写真 26] スクーターの前カゴのゴミ

呼ばれており、さまざまな場面で観察することができる［John and David 2002］。これも他の人の行動が社会的証明になる例である。

著者らがコンビニエンスストアの協力を得て行った実験では、ペットボトル回収箱の上部にペットボトルのキャップを入れる箱を用意するだけでキャップの分別率が49％から60％に上がった。これも箱に入っているキャップが社会的証明になりキャップ分別行動を誘ったのだと考えられる。

お店に行列ができていることから人気店であることを察したり、信号を待っている人の数から信号が変わるまでの待ち時間を予想したりする。

このような社会的証明は社会のいたるところで見られるが、見せ方によって望ましい方向にもそうでない方向にも人を誘う。社会的証明をうまく利用して問題解決に活用することは、仕掛けを社会に普及させる上で重要なアプローチになる。

トリガの組み合わせ

物理的トリガと心理的トリガの組み合わせが仕掛けの原動力となる。

著者が集めた120件の仕掛けの事例に仕掛けの原理を付与し、その関係を整理した結果を表2に示す。表中の数字は物理的トリガと心理的トリガの組み合わせが同時に用いられた回数を表している。

よく使われる組み合わせは利用しやすいトリガのパターンといえる。


表2を見ると、「アナロジー」と「ポジティブな期待」を使っている仕掛けが13件、「聴覚」と「ポジティブな期待」を使っている仕掛けが11件あり、これらの組み合わせが利用しやすいことがわかる。

0件の組み合わせも多いが、その組み合わせの相性が悪いというよりも今回対象とした仕掛けの事例が120件と少ないことや、集めやすい「目立つ」仕掛けに偏っていたためだと考えられる。

表2から各トリガの個別の使用傾向を掴むこともできる。「フィードバック」(67件)と「フィードフォワード」(71件)はほぼ同じ程度の割合で用いられていることや、「社会的文脈」(32件)より「個人的文脈」(106件)の方がよく用いられていることなどがわかる。

もう少し詳しく見ると、「フィードバック」の中では「視覚」(37件)と「聴覚」(22件)が9割弱、「フィードフォワード」の中では「アナロジー」(38件)と「アフォーダンス」(33件)がほぼ同じ程度用いられていることがわかる。「個人的文脈」の中では「ポジティブな期待」(42件)が4割弱ともっとも多く、「社会的文脈」の中では「被視感」(13件)と「社会的証明」(15件)が9割弱を占めている。このようにカテゴリの使用傾向の偏りは、利用しやすさや効果の大きさなどが反映されていると考えられる。

表2 物理的トリガと心理的トリガの関係

			物理的トリガ							合計
			フィードバック					フィードフォワード		
			聴覚	触覚	嗅覚	味覚	視覚	アナロジー	アフォーダンス	
心理的トリガ	個人的文脈	挑戦	0	0	0	0	9	3	2	14
		不協和	4	2	0	0	3	4	5	18
		ネガティブな期待	1	3	0	0	4	1	6	15
		ポジティブな期待	11	2	1	0	6	13	9	42
		報酬	1	0	0	0	4	0	0	5
		自己承認	2	0	0	0	5	5	0	12
	社会的文脈	被視感	0	0	0	0	5	5	3	13
		社会規範	0	0	0	0	0	4	0	4
		社会的証明	3	0	0	0	1	3	8	15
合計			22	7	1	0	37	38	33	138

このような傾向は仕掛けを作る際の指針として利用できる。初心者にはよく使われるトリガの組み合わせを勧め、経験者にはあえて新しい組み合わせの可能性に挑戦してもらうといったことが考えられる。使い方は読者次第である。

3章

仕掛けの発想法

仕掛けを見つける方法

子供を観察する

同じ時間に同じ場所で同じ仕掛けを目にしていても大人と子供で反応が異なるのは、仕掛けを見出すのは知識だけでなく好奇心も必要だからである。

大人になって知識が増えてくると、世の中に対する好奇心もどんどん弱くなる。そのようなときは好奇心旺盛な子供を観察すれば良い。子供は仕掛け発見器である。

子供は挑戦したくなる課題を勝手に作って遊ぶことも得意である。路肩の縁石から落ちたら負けというルールや歩道をわたるときに白い線しか踏んではいけないというルールなど、いろんなルールを勝手に作って遊び始める。

［仕掛け27］は窓枠の影でケンケンパをして遊ぶ子供の写真である。大人が見れば影があることにも気づかないくらいよくある光景であり、この建物を設計した人も窓枠を設計した人も窓としての機能しか考えていなかったはずである。しかし、窓枠の影がケンケンパに見える自由な発想力があれば、いつでもどこでも遊び場になる。

大人は、つい無意識のうちに常識というフレームの範囲内で物事を判断してしまうので、目の前のワクワクする出来事に気づかないことが多い。しかし、その見方のフレームをずらすことができれば、世の中はずっと楽しくなる。

本書で用いた写真はほとんど著者が撮影したものであるが、子供と一緒にいるときに撮った写真が多い。子供を観察していて仕掛けに気づくことが多いからである。仕掛けを見つけるには子供を観察するのがお勧めである。

[仕掛け 27] 影遊び

行動観察

子供を観察するのはテッパンだが、大人もさりげなく行動を変えることがある。広場で人が座っている場所を観察すると、よく利用されるベンチや、ちょっとした出っ張りや植栽の縁といったところに人が座っていることに気づく。

公園のゴミ箱の使われ方を観察すると、場所によってゴミの量や種類が異なっていることに気づく。違法駐輪されている場所を観察すると、どのような人がいつ自転車を停めているかがわかる。

屋外でお弁当を食べている人に注目すると、よく利用される場所や食べている人の性別や服装といった属性、お弁当の種類といったことがわかる。

このような出来事が繰り返し観察されるのであれば、それは単なる偶然ではなく何かしらの理由が存在するはずである。

人通りの多さと関係していたり、座ったときの視線と関係していたり、周辺施設に行き来する人の動線に関係していたり、日差しと関係していたり、読書や待ち合わせといった使われ方と関係していることに気づいたりする。

こういった行動観察によって得られた知見は、仕掛けに利用できることも多い。たとえば広場における人々の滞留時間を増やしたいときには、座りたくなる場所（たとえば買い物の荷物を持った人が通る道の脇）に、座りたくなる向き（たとえば他の人と視線が交差しない方向）にベンチを置けば良い。わざわざベンチを置かなくても、腰の高さにある平らな場所を綺麗にするだけで、人が座りたくなる場所に早変わりさせることもできる。

写真を撮っている人を観察しても面白い。行動を変えることはためらわれても、スマートフォンのカメラで写真を撮ることに抵抗がない人は多い。写真を撮っているのは、そこに何か興味を引かれるものがあるからである。視線の先に仕掛けのヒントが埋もれているかもしれない。

著者がニューヨークのタイムズスクエアを訪れたとき、大階段の最上段に人々が集まってタイムズスクエアビルの巨大スクリーンに流れる何の変哲もない広告を眺めていたことがあった。不思議に思っていると、突如スクリーンの映像が切り替わってそこにいた人々がアップで映し出されるという出来事があった。

［仕掛け28］はそのときに撮った巨大スクリーンの写真である。[*22] タイムズスクエアの一帯は巨大なＬＥＤ広告看板だらけなので広告を出しても誰にも見られないが、その場にいる人々を映すことで注目を集める面白い仕掛けであった。

最近は観光地に限らず、至るところで自撮り（セルフィー）をする人を見かけるが、自撮りをするとどうしても自分の写る面積が大きくなって背景があまり入らない。

そのことに着目してオーストラリア政府観光局が提案したのが、１００メートル以

＊22　よく見ると著者も映っている。

[仕掛け 28] 自分が映るスクリーン

上離れたところから撮影した約６００枚の写真を１枚の写真につなぎ合わせることで超高解像度で背景までしっかり写った写真が撮れるGIGA Selfieである（［仕掛け29］）。この写真を見せられると広大なオーストラリアの風景に魅せられるだけでなく、この写真を撮るために現地に行きたくなる。

GIGA Selfieはオーストラリアの観光プロモーションに応用され、オーストラリアへの日本人観光客数が１１８％にアップ（２０１５年９月イベント実施月、前年同月比）を達成したそうである。

自分自身を客観的に観察して内省することをメタ認知というが、自分自身の行動をメタ認知することで仕掛けに気づくことも多い。

建物から出るときにどちらのドアが開くか迷っている自分をメタ認知できれば、そのドアには何か重要な手がかりが欠けていることに気づく。

［写真30］は著者の勤務先の学食の手動ドアである。左右両方に「押すｐｕｓｈ」

[仕掛け 29] G!GA Selfie

のシールが貼られているにもかかわらず、右側のドアはロックされていて動かない。

著者はいつも右手で右側のドアを開けようとして失敗してしまう。

このドアは「押すｐｕｓｈ」のシールが貼られていることから間違ってドアを引いてしまう人が多いことがわかる。ドアに取っ手がついていることが原因なので、ドアから取っ手を外して押し板に替えたり、押し板にパーの手形をつけるなどして押すことを誘えば良い。


行動の痕跡も仕掛けを考える手がかりになる。［写真31］は著者の勤務先の学食の床である。よく見ると擦れて塗装が薄くなっている箇所があることに気づく。曲がり角があると内側を攻めたくなるという人の行動パターンが見えてくる。

この場所は曲がり角の向こう側からくる人が見えないので人の流れが乱れる場所になっており、改善する仕掛けが必要である。

[写真 30] 手動ドア

[写真 31] 床の擦れ

［仕掛け32］はカリフォルニア州パロアルト駅のT字路に設置されている衝突よけである。ここも曲がり角の向こうが死角になっているが、T字路の角が落とされているので曲がり角に近づくと死角が少なくなる。衝突よけを迂回することでさらに死角が減るので衝突しにくくなっている。

これらは曲がり角の衝突を減らす仕掛けの一つだろう。

世界は仕掛けにあふれているが、仕掛けに気づかないことも多い。そのようなときは、人々の行動を観察することが仕掛けに気づくきっかけになる。行動観察はいつでもどこでもできるし、何より仕掛け探しは楽しい。ぜひ一度挑戦して面白い仕掛けを見つけてみてほしい。

[仕掛け32] 衝突よけ

要素の列挙と組み合わせ

これまで紹介してきた仕掛けの事例はシンプルでわかりやすいものが多いが、新しい仕掛けのアイデアを自分で思いつくのは意外と難しい。序章で紹介したＦＡＤ要件に則って考えると、

・公平性（Fairness）
・誘引性（Attractiveness）
・目的の二重性（Duality of purpose）

を満たすような仕掛けを考えれば良いのだが、何もないところからぱっと思いつくものではない。限られた時間内で効率的にアイデアを得るためには、仕掛けのアイデアを生み出すための考え方や方法を習得する必要がある。

著者はこれまでイベント空間、オフィス空間、飲食店、大学構内、動物園などを対象にして仕掛けのアイデア出しや試作品作りに取り組んできた。以下では、著者が用いている仕掛けの発想法について紹介する。

仕掛けのアイデアは、基本的には「アイデアとは既存の要素の組み合わせ以外の何者でもないということである」［ヤング1988］と同じである。つまり、関係する要素を列挙すること、およびその要素の組み合わせを考えることになる。

表3は本書で紹介している仕掛けの事例を振り返ったものであるが、いずれも仕掛けの対象に仕掛けの要素を加えていることがわかる。

一見すると何の関係もなさそうな組み合わせになっているところに注目してほしい。仕掛けの対象から素直に発想を広げていくだけでは到達しなさそうな意外性のある要素を組み合わせることが仕掛けの誘引性や目的の二重性につながっている。

表3 仕掛けの対象と仕掛けの要素

	仕掛けの名称	仕掛けの対象	仕掛けの要素
1	筒	動物園	筒
2	背表紙の線	ファイルボックス	斜線
3	背表紙の一枚絵	漫画	絵
4	駐輪場の線	駐輪場	白線
5	バスケットゴールのついたゴミ箱	ゴミ箱	バスケットゴール
6	ぬいぐるみの収納袋	収納袋	ぬいぐるみ
7	動く歩道の足跡	動く歩道	足跡
8	トイレの的	トイレ	的
9	トイレの的	トイレ	炎の的
10	ピアノ階段	路地	ピアノ
11	我が家のホームベーカリー	ホームベーカリー	タイマー
12	小さな鳥居	場所	鳥居
13	トンネルの入口	入口	トンネル
14	コインスライダーのついた募金箱	募金箱	コインスライダー
15	お立ち台のついたディスプレイ	ディスプレイ	お立ち台
16	トリックアートの記念撮影スポット	階段	トリックアート
17	消費カロリー表示のついた階段	階段	消費カロリー表示
18	カプセルトイのついた貯金箱	貯金箱	カプセルトイ
19	（仕掛けもどき）手描きの足跡	免許センター	足跡
20	三角トイレットペーパー	トイレットペーパー	三角
21	香るポスター	ポスター	チョコの香り
22	試食マシン	ポップコーン	カプセルトイ
23	笑顔に反応する展示	展示	笑顔
24	スピードカメラ	道路	スピードカメラ
25	「ぼうはんかメラ」の落書き	防犯カメラ	落書き
27	影遊び	通路	窓枠の影
28	自分が映るスクリーン	スクリーン	自分
29	G!GA Selfie	観光客	自撮り
32	衝突よけ	T字路	手すり
33	ライオン型手指消毒器	大学祭	消毒液噴射
34	人間釣り	大学教室	釣り堀
なし	世界一深いゴミ箱	ゴミ箱	落下音
なし	スピードカメラ・ロッタリー	スピードカメラ	くじ

そのようなユニークなアイデアを発想する方法はこれまでにもいろいろ提案されている。それらの手法を参考にしながら著者が試してきた方法のうち、これは使えそうだと思った仕掛けの発想法は以下の４つである。

・仕掛けの事例を転用する。
・行動の類似性を利用する。
・仕掛けの原理を利用する。
・オズボーンのチェックリスト。

以下ではそれぞれについて述べた後、最後に仕掛け作りにおいて注意すべき点としてマズローのハンマーの法則について述べる。

仕掛けの事例を転用する

仕掛けのアイデアを考える一番簡単な方法は、これまでに見つけた仕掛けの事例を転用することである。

ゴミ箱の上にバスケットゴールをつける仕掛けのアイデアを転用すれば、バスケットゴールの代わりにサッカーゴールをつけたりボーリングのピンを立てるといったアイデアはすぐに思い浮かぶ。

使用済みのダンボール箱の蓋の部分を組み立て直してバスケットボールのゴールになるようにすれば、使い道のなかったダンボール箱そのものが魅力的なゴミ箱のオマケになるといったアイデアもすぐに浮かんでくる。

対象とする問題と類似した仕掛けの事例が見つかるのであれば、その仕掛けの一部を変えてみることが一番簡単かつ確実な方法となる。仕掛けは問題を解決してなんぼなので、仕掛けの独創性にこだわらないのであればこの方法が一番お勧めである。問題は仕掛けの事例集が一般には存在しないことである。著者は数百件の仕掛けの事例を収集しているが、現状では写真や動画の著作権の関係でそのまま公開できるものにはなっていない。

仕掛けの事例データベースを公開することは著者の悲願であり、ぜひ実現したい。

行動の類似性を利用する

仕掛けは人の行動を変えることで問題解決を狙うものなので、「行動」を手がかりにして仕掛けを考えることもできる。

本書で何度も例に出している「ゴミ箱」の仕掛けを考えてみよう。ゴミの「捨てる」という行動に着目して似ている行動を探すと、「投げる」「しまう」「入れる」「当てる」「落ちる」といった行動が挙がる。さらにそれぞれの行動から連想することを自由に

発想していくと、

「投げる」　ダーツ、釣り、運動会の玉入れ
「しまう」　洗濯物、食器、コレクション
「入れる」　荷物、CD、空気
「当てる」　神社のおみくじ、弓と的、パズル
「落ちる」　落とし穴、雷、おむすび

といったキーワードが出てくる。行動でつながっていれば文脈がずれていても気にしない気楽な態度で連想するのがポイントである。

次に、連想されて出てきたキーワードと「ゴミ箱」を無理やり組み合わせて仕掛けを考えてみる。無理やりといっても「捨てる」に類似した行動という共通点があるので、意外に無理なく組み合わせられる。

たとえば前記に挙げた5つのパターンのそれぞれから以下のような仕掛けのアイデアが得られる。

〈仕掛け〉ゴミ箱　＋　釣り
〈説　明〉ゴミを入れると、ゴミの大きさと重さを測り、魚拓ならぬゴミ拓を取ってくれる。また、大きさや重さやゴミ拓のランキングが公開される。

〈仕掛け〉ゴミ箱　＋　コレクション
〈説　明〉ゴミ箱が格子状に分かれていて、ゴミの種類ごとに収納する場所が決まっている。ビンゴになればゴミ箱の中にゴミが落ちる。

〈仕掛け〉ゴミ箱　＋　空気
〈説　明〉ゴミが入れば入るほどゴミ箱が膨らむ。

〈仕掛け〉ゴミ箱　＋　おみくじ
〈説　明〉ゴミを入れるとおみくじが出てくる。

〈仕掛け〉ゴミ箱　＋　落とし穴
〈説　明〉ゴミがコロコロ転がりながら落ちていく。

お気づきかもしれないが、この構造は「AとかけてBととく、その心はC」というなぞかけと同じである。
前記の例だと、A（仕掛けの対象。ここでは「ゴミ箱」）とB（仕掛けの要素。ここでは「釣り」や「コレクション」など）をつなぐのがC（誘われる行動。ここでは「投げる」や「しまう」など）に対応している。一見すると関係ないように見えるAとBの間に見事にCという共通項が見えるとうまい仕掛けになる。

この方法のポイントは行動という制約から関連する言葉を再帰的に列挙していくところにあるが、発想につまることがある。そのときに著者がよく使う方法はインターネットの画像検索である。適当にキーワードを入れて関係あるのかないのかよくわからない画像を眺めながら考えていると、使えそうなアイデアが浮かんでくる。画像が刺激になって関連する言葉や概念や記憶が引き出される。これも手軽にできるのでお勧めである。

仕掛けの原理を利用する

2章で紹介した仕掛けの原理を順番に検討していくのも手である。仕掛けは大分類2種類、中分類4種類、小分類16種類の原理の組み合わせからなるので、たとえば「フィードバック」の要素を追加するとどうなるかを考えてみる。

具体的には、対象者の行動に応じて「聴覚」「触覚」「嗅覚」「味覚」「視覚」をフィードバックするという条件でアイデアを具体化してみる。

ゴミ箱に「聴覚」のフィードバックがついたものは「世界一深いゴミ箱」があるので、ここではそれ以外の「視覚」「触覚」「嗅覚」「味覚」のフィードバックをつけるとどうなるかを考えてみる。すると、

〈仕掛け〉ゴミ箱　＋　視覚フィードバック
〈説　明〉ゴミ箱に入っているゴミの重さを見えるようにする。ランキング機能をつけて、利用者同士やゴミ箱同士で競えるようにする。

〈仕掛け〉ゴミ箱　＋　触覚フィードバック
〈説　明〉ゴミを入れるとゴミ箱の上の扇風機が回って涼しい風が顔に当たる。

〈仕掛け〉ゴミ箱　＋　嗅覚フィードバック

〈説　明〉捨てたゴミの臭さに応じてファンファーレが鳴る。
〈仕掛け〉ゴミ箱　＋　味覚フィードバック
〈説　明〉ゴミ箱がゴミを美味しそうに食べてくれる。

といった仕掛けのアイデアが強制的に発想される。そのようにして生み出したアイデアの中から実際に使えそうなアイデアを見つけたり、さらにアイデアを膨らますことで仕掛けを発想する。

オズボーンのチェックリスト

アイデア発想につまったときは視点を切り替えるのが良い。そのときによく使われるのが以下の9カ条からなるオズボーンのチェックリストである。

1. 他の使い道は？（Put to other uses?）
2. 他に似たものは？（Adapt?）
3. 変えてみたら？（Modify?）
4. 大きくしてみたら？（Magnify?）
5. 小さくしてみたら？（Minify?）
6. 他のもので代用したら？（Substitute?）
7. 入れ替えてみたら？（Rearrange?）
8. 逆にしてみたら？（Reverse?）
9. 組み合わせてみたら？（Combine?）

このチェックリストの覚え方として「ださく似たおち」（代用・逆さま・組み合わせ・似たもの・他の用途・大きく・小さくの頭文字をつなげたもの）［星野 2005］というのもある。

また、オズボーンのチェックリストを少し改変したSCAMPER法も有名である。SCAMPERは以下の7つの要件の頭文字をつなげたものである。

1. 入れ替えたら？（Substitute?）
2. 組み合わせたら？（Combine?）
3. 他に似たものは？（Adapt?）
4. 変えてみたら？（Modify?）
5. 他の使い道は？（Put to other uses?）
6. 取り除いたら？（Eliminate?）
7. 並び替えたら？　逆にしたら？（Rearrange / Reverse?）

ゴミ箱の仕掛けのアイデア発想につまったときに「他の使い道は？」（Put to other uses?）を使うと、ゴミ箱のこれまでと違う使い道を考えることになる。これまで想定していなかったゴミを対象としてみたり、これまでゴミ箱を置いたことのない状況を想定してみたり、ゴミ箱にゴミ以外のものを入れることを考えることになる。

その路線で考えてみると、散らかっているものとして子供部屋のおもちゃや研究室の棚に押し込んだプリントなどが浮かんでくる。これらはゴミと違って捨てるわけにはいかないけれど、よくよく考えてみると不要なものも多い。不要だと思っていないものを不要であることに気づかせることができれば、結果としてゴミが出てくる。

ゴミを生み出して片付けるゴミ箱というコンセプトが生まれた。


この例は「他の使い道は?」という視点に立たなければ浮かんでこなかったアイデアである。アイデア発想に困ったときは、このようにちょっと視点を変えてみることがブレイクスルーになることは多い。

しかし、結果が出るかどうかはやってみないとわからないし、自分に合うかどうかもわからない。いろいろ試してみて自分にあった方法を探してほしい。

一方ロシアは鉛筆を使った

「ハンマーを持てば、全てが釘に見える」（"if all you have is a hammer, everything looks like a nail"）［Maslow 1966］は「マズローのハンマーの法則」と呼ばれている。どんな問題にでも自分の得意な手法を使うことにこだわってしまうことをいっているが、これはハンマー以外にも当てはまる。

問題に直面したとき、技術に詳しい人ほど技術にとらわれてしまい、使う必要のない技術をわざわざ使って簡単な問題を難しく解決しようとする。以下の有名なアメリカン・ジョークも同じことを揶揄している。[*23]

When NASA first started sending up astronauts, they quickly discovered that ballpoint pens would not work in zero gravity. To combat the problem, NASA scientists spent a decade and $12 billion to develop a pen that writes in zero gravity, upside down, underwater, on almost any surface, and at temperatures ranging from below freezing to 300 degrees Celsius.

The Russians used a pencil.

アメリカのNASAは、宇宙飛行士を最初に宇宙に送り込んだとき、無重力状態ではボールペンが書けないことを発見した。この問題に対処するために、NASAの科学者たちはこの問題に立ち向かうべく、10年の歳月と１２０億ドルの開発費をかけて、無重力でも上下逆にしても水の中でもどんな表面にでも氷点下でも摂氏３００度でも書けるボールペンを開発した。

一方ロシアは鉛筆を使った。

仕掛けの発想で大事にしたいのは、この「鉛筆を使った」というアプローチである。ゴミの分別回収について考えるとき、技術者は自動分別装置のついたゴミ箱を考えるかもしれない。

人が努力しなくても技術で解決できるなら、それほど楽なことはない。しかし、各人がちょっと気をつければ解決する問題の解法としては大げさすぎて、実現可能性は低い。技術だけに頼るのではなく「つい分別したくなる」ように誘う仕組みこそ実現可能なアプローチになる。

百歩譲って自由に動きまわって問題を解決するロボットが開発されたとしても、総合的に見ると今のところ人間のほうが圧倒的に優れている。目は環境や物体を正確に認識し、足はどこにでも自由に移動することを可能にし、手は複雑な操作をこなす。人間なら極めて簡単にこなせることでロボットには難しい

＊23 実際には NASA も当初は鉛筆を使っていたことが記されている。http://history.nasa.gov/spacepen.html

ことがほとんどである。人間はこれまでの人生で培った知識と経験も持っているので、身体能力だけでなく総合的に物事を判断できる能力も優れている。

とどのつまり、機械に頼っても大したことはできないし、壊れるし、何より膨大な金銭的コストがかかる。人が立ち入れない危険な場所での作業や工場のような単純作業、介護現場のような肉体的負担の大きい現場を除けば、今のところはメリットよりデメリットのほうがはるかに大きい。

実現可能性を考えると、機械に頼るところは必要最小限に留めて行動を誘うことに注力するのは一つのアプローチであろう。仕掛けを作る際には、ハンマーにとらわれて本質を見失っていないかを常に心に留めておくべきである。

考案した仕掛けの例

最後に、著者のゼミが2015年度大阪大学まちかね祭に出展した「シカケラボ」で展示・実施した仕掛けの例を二つ紹介する。

「仕掛け33」は映画『ローマの休日』で有名になった「真実の口」をアレンジしたものである。ライオンが大きく口を開けているので、恐る恐るつい手を入れたくなる。ライオンの口の奥には自動手指消毒器を設置しており、手を入れるとアルコール消毒液が噴射されて手が綺麗になるという仕掛けである。多くの人が手を入れてくれただけでなく、アルコール消毒液が手に噴射されたときのびっくりしたリアクションが他の人の興味をひくという連鎖反応も起こり大盛況であった。

シカケラボは、最も人が来ないであろうC棟4階にあるC407教室を希望して使

［仕掛け 33］ライオン型手指消毒器

用した。シカケラボの教室に来たくなる仕掛けの実験をしたかったためである。

C棟はコの字型になっていて、教室前の廊下から中庭が一望できる。ここを釣り堀に見立てて、地上を行き来している人を釣り上げようというアイデアを実現したのが［仕掛け34］の「人間釣り」である。浮きと人間釣りのビラの入ったカプセルをつけた麻ひもを4階から垂らすと、地上にいる人は目の前に垂れてきた浮きとカプセルを見て「釣られている」ことに気づく。見上げると4階の大きな「人間釣り」の垂れ幕が目に入り、気になってC４０７教室に行きたくなるという仕掛けである。

この仕掛けも大盛況で、釣りひもを垂らせば１００％餌を取ってビラを見てもらえただけでなく、多くの人がわざわざC４０７教室まで足を運んでシカケラボの展示や人間釣りを楽しんでいた。

[仕掛け 34] 人間釣り

おわりに

本書は、著者が２００５年末ごろから取り組んできた仕掛学に関する一連の研究について、一般の人向けになるべく平易な言葉で書き下したものである。本書を通して仕掛けが切り拓く未来に期待を持っていただけたなら望外の喜びである。

仕掛学を始めたきっかけについては冒頭で述べたが、研究者にとって新しい研究分野を立ち上げるのはとてもリスクが大きい。一番困るのは学会がないことであり、学会がないと研究成果を発表する機会がない。また必然的に同じ研究に取り組む同志もいないことになるので孤独に進めなければならず、腹をくくるか楽観的じゃなければとてもやっていけない。

研究者の評価は大きく学術的貢献と社会的貢献にわけられるが、学会がないので学術的貢献はあまり期待できない。関連する学会で発表させてもらうことしかできないというのは道場破りをしているようで、居心地の悪いものである。

その点、著者は日本一リベラルな学会といわれている人工知能学会の全国大会で毎年仕掛学のオーガナイズドセッションを主催し、そこで同志に恵まれたのは幸運であった。また、学術的貢献が難しいのなら社会的貢献を目指そうと考え、一般の人を対象としたワークショップやハッカソンやコンテストといったイベントを通して仕掛学を広めようと活動している。

仕掛学という言葉を選んだのも一般の人にも身近に感じてほしいためである。〇〇学という文字が目に飛び込んできたら敬遠してそれ以上興味を持たないのが普通の人の反応であるが、仕掛学であれば多くの人がわかったような気になる。となると、その先の展開が必須となる。仕掛学という耳に優しいキーワードで関心を持ってもらうだけでは広がりは生まれない。

そういうわけで一般向けに仕掛学の本を出版することはかねてからの悲願であっ

た。これまでも一般の方から実務家に至るまでさまざまな方から興味を持っていただいたが、仕掛学についての文献を求められたときに論文しかお渡しするものがなく、そこで連絡が途切れることが多かった。本書によって仕掛学を知っていただく機会が増え、多くの方のお役に立つことを願っている。

参考文献

[Bateson et al. 2006] Melissa Bateson, Daniel Nettle, and Gilbert Roberts. (2006). Cues of Being Watched Enhance Cooperation in a Real-World Setting. Biology Letters, 2 (3), 412-414.

[Deci 1971] Deci E. L. (1971). Effects of externally mediated rewards on intrinsic motivation. Journal of Personality and Social Psychology,18 (1),105-115.

[Gibson 1986] James J. Gibson. (1986). The Ecological Approach to Visual Perception. Psychology Press.

[John and David 2002] John A. List and David Lucking-Reiley. (2002). The Effects of Seed Money and Refunds on Charitable Giving: Experimental Evidence from a University Capital Campaign. The Journal of Political Economy, 110 (1), 215-233.

[Keizer 2008] Kees Keizer, Siegwart Lindenberg, and Linda Steg. (2008). The Spreading of Disorder, Science, 322, 1681-1685.

[Lepper et al. 1973] Lepper M. R., Greene D., and Nisbett R E. (1973). Undermining children's intrinsic interest with extrinsic reward: A test of the "overjustification" hypothesis, Journal of Personality and Social Psychology, Vol.28,No.1,129-137.

[Maslow 1966] Abraham H. Maslow. (1966). The Psychology of Science: A Reconnaissance. Harper & Row.

[Matsumura et al. 2015] Naohiro Matsumura, Renate Fruchter, and Larry Leifer. (2015). Shikakeology: designing triggers for behavior change. AI & Society, 30 (4), 419-429.

[Nettle et al. 2012] Daniel Nettle, Kenneth Nott, and Melissa Bateson. (2012).“Cycle Thieves, We Are Watching You”: Impact of a Simple Signage Intervention against Bicycle Theft. PLoS ONE, 7 (12) : e51738.

[Norman 1988] Donald A. Norman. (1988) . The Psychology of Everyday Things. Basic Books.（岡本明・安村通晃・伊賀聡一郎・野島久雄訳（２０１５）『誰のためのデザイン?―認知科学者のデザイン原論　（増補・改訂版)』新曜社)

[Norman 2009] Donald A. Norman. (2009). Designing waits that work. MIT Sloan Management Review, 50 (4) , 23-28.

[Norman 2010] Donald A. Norman. (2010) . Living with Complexity. The MIT Press.（伊賀聡一郎・岡本明・安村通晃訳（２０１１）『複雑さと共に暮らす―デザインの挑戦』新曜社)

[Thaler and Sunstein 2008] Richard H. Thaler and Cass R. Sunstein. (2008) . Nudge: Improving Decisions About Health, Wealth, and Happiness. Yale University Press.（遠藤真美訳（２００９）『実践行動経済学 健康、富、幸福への聡明な選択』日経ＢＰ社)

[Wilson and kelling 1982] James Q. Wilson and George L. Kelling. (1982) . The police and neighborhood safety: Broken Windows, The Atlantic Monthly, March.

[ヤング１９８８] ジェームス・ウェブ・ヤング（１９８８)『アイデアのつくり方』(今井茂雄訳) ＣＣＣメディアハウス

[星野２００５] 星野匡（２００５)『発想法入門（第３版)』日本経済新聞社

写真クレジット

1 筒　2006年7月2日著者撮影,P.13
2 背表紙の線　2015年4月6日著者撮影,P.18
3 背表紙の一枚絵　2016年5月3日著者撮影,P.18
4 駐輪場の線　2010年10月16日著者撮影,P.20
5 バスケットゴールのついたゴミ箱　2016年3月30日著者撮影,P.21
6 ぬいぐるみの収納袋　2014年12月31日著者撮影,P.23
7 動く歩道の足跡　2014年3月14日著者撮影,P.25
8 トイレの的　2014年5月7日著者撮影,P.28
9 トイレの的　2015年9月13日著者撮影,P.31
10 ピアノ階段　2013年8月29日著者撮影,P.32
11 我が家のホームベーカリー　2016年4月1日著者撮影,P.40
12 小さな鳥居　2016年3月31日著者撮影,P.52
13 トンネルの入口　2012年5月28日著者撮影,P.58
14 コインスライダーのついた募金箱　2012年6月23日著者撮影,P.58
15 お立ち台のついたディスプレイ　2014年9月29日著者撮影,P.59
16 トリックアートの記念撮影スポット　2016年4月24日著者撮影,P.61
17 消費カロリー表示のついた階段　2016年7月29日著者撮影,P.66
18 カプセルトイのついた貯金箱　2015年8月25日著者撮影,P.71
19 手描きの足跡　2015年2月24日著者撮影,P.76
20 三角トイレットペーパー　2016年7月31日著者撮影,P.94
21 香るポスター　廣本嶺氏より提供,P.96
22 試食マシン　2013年7月14日著者撮影,P.99
23 笑顔に反応する展示　2016年4月16日著者撮影,P.101
24 スピードカメラ　2012年6月1日著者撮影,P.112
25 「ぼうはんかメラ」の落書き　2014年4月2日著者撮影,P.122
26 スクーターの前カゴのゴミ　2010年11月22日著者撮影,P.125
27 影遊び　2011年6月25日著者撮影,P.134
28 自分が映るスクリーン　2013年6月24日著者撮影,P.138
29 G!GA Selfie　オーストラリア政府観光局井上忠浩氏より許可を得て掲載,P.140
30 手動ドア　2015年9月4日著者撮影,P.142
31 床の擦れ　2015年8月28日著者撮影,P.142
32 衝突よけ　2014年3月23日著者撮影,P.144
33 ライオン型手指消毒器　2010年3月30日著者撮影,P.165
34 人間釣り　2015年11月1日著者撮影,P.167

【著者紹介】
松村真宏（まつむら　なおひろ）
1975年大阪生まれ。大阪大学基礎工学部卒業。東京大学大学院工学系研究科博士課程修了。博士（工学）。2004年より大阪大学大学院経済学研究科講師、2007年より同大学准教授、現在に至る。2004年イリノイ大学アーバナ・シャンペーン校客員研究員、2012〜2013年スタンフォード大学客員研究員。趣味は娘たちと遊ぶこと（遊んでもらうこと）。

仕掛学
人を動かすアイデアのつくり方

2016年10月5日　第1刷発行
2020年9月4日　第12刷発行

著　者——松村真宏
発行者——駒橋憲一
発行所——東洋経済新報社
〒103-8345　東京都中央区日本橋本石町 1-2-1
電話＝東洋経済コールセンター　03(6386)1040
https://toyokeizai.net/

装　丁…………………松田行正+倉橋弘
本文デザイン・DTP……二ノ宮匡
印刷・製本……………図書印刷
編集担当………………宮崎奈津子
　ISBN 978-4-492-23373-3